AF658991

वेद ज्ञान के भंडार हैं जिनके उचित अध्ययन के लिए मनुष्य यदि उनमें प्रवेश करे तो वह ब्रह्मज्ञानी बनकर निकलेगा और स्वयं का तो उद्धार करेगा ही साथ ही में औरों का भी उद्धार करेगा। इस बात को ध्यान में रखकर वेदों के ज्ञान को हमने सरल कथाओं में प्रस्तुत करने का प्रयास किया है। आशा है, यह पुस्तक पाठकों के लिए शिक्षाप्रद, रोचक और उपयोगी सिद्ध होगी। अपनी प्रेरक प्रतिक्रियाओं और सुझावों से अवश्य अवगत कराएं।

वेदों की कथाएं

महेश दत्त शर्मा
हरीश दत्त शर्मा

डायमंड बुक्स

प्रकाशक : **डायमंड पॉकेट बुक्स (प्रा.) लि.**
X-30 ओखला इंडस्ट्रियल एरिया, फेज-II
नई दिल्ली-110020
फोन : 011-40712200
ई-मेल : wecare@diamondbooks.in
वेबसाइट : www.diamondbooks.in
संस्करण : 2026
मुद्रक : रेप्रो (इंडिया)

Vedon Ki Kathayen
By : Mahesh Dutt Sharma

अपनी बात

वेदों में परम सत्य ईश्वर की वाणी संगृहीत की गई है। वेद हमारी प्राचीन भारतीय संस्कृति के अक्षुण्ण भण्डार हैं।

हमारे ऋषि-मुनियों ने युगों तक गहन चिंतन-मनन कर इस ब्रह्मांड में उपस्थित कण-कण के गूढ़ रहस्य का सत्यज्ञान वेदों में संगृहीत किया। उन्होंने अपना समस्त जीवन इन गूढ़ रहस्यों को खोजने में लगाकर भारतीय संस्कृति और परम्पराओं की नींव सुदृढ़ की। इन गूढ़ रहस्यों का विश्व के अनेक देशों के विद्वानों ने अध्ययन कर अपने-अपने देशों का विकास किया। चाहे वह चिकित्सा, औषधि शास्त्र का क्षेत्र हो या खगोल शास्त्र का, ज्योतिष शास्त्र का हो अथवा साहित्य का। उन्होंने भारतीय ऋषियों की कठिन तपस्या का भरपूर लाभ उठाया और उसे अपनाया भी। बहुत से देशों के विद्वान आज भी इनका अध्ययन कर रहे हैं और उन्नति के मार्ग पर आगे बढ़ रहे हैं।

लेकिन भारतीय आम लोग वेदों की दुरूहता के कारण इनके संगृहीत गूढ़ रहस्यों का अंश मात्र भी ग्रहण नहीं कर पाते हैं। यदि उन्हें स्कूल, कॉलेज से ही वैदिक संस्कृति का अनिवार्य रूप से उचित अध्ययन करवाया जाए तो उनके ज्ञान चक्षु खुल जाएँ और उनकी रुचि भारतीय संस्कृति के सवंर्धन तथा अंगीकरण में संलग्न हो जाए।

संक्षेप में कहें तो वेद ज्ञान के वे भण्डार हैं जिनके उचित अध्ययन के लिए मनुष्य यदि उनमें प्रवेश करे तो वह ब्रह्मज्ञानी बनकर निकलेगा और स्वयं का तो उद्धार करेगा ही साथ में औरों का भी उद्धार करेगा। इस बात को ध्यान में रखकर वेदों के ज्ञान को हमने सरल कथाओं में प्रस्तुत करने का प्रयास किया है। आशा है, यह पुस्तक पाठकों के लिए शिक्षाप्रद, रोचक और उपयोगी सिद्ध होगी। अपनी प्रेरक प्रतिक्रियाओं और सुझावों से अवश्य अवगत् कराएँ।

–महेश शर्मा

कथा-सूची

1

जीवन दान

यह कथा महर्षि दधीचि की है, जिन्होंने देवराज इन्द्र की रक्षा के लिए अपनी अस्थियाँ दान कर दीं। यह कार्य उन्होंने परोपकार की भावना से किया और संसार के सामने एक आदर्श प्रस्तुत किया। यह कथा इस प्रकार है—

एक बार इन्द्र के मन में यह बात घर कर गई कि 'वे त्रिलोकीनाथ हैं। देवता उन्हें पूजते हैं। यज्ञ के समय ब्राह्मण एवं ऋषिगण उन्हें आहुतियाँ प्रदान करते हैं। देवगुरु बृहस्पति भी मात्र एक ब्राह्मण हैं, फिर वे उनका आदर-सत्कार क्यों करें?' यह सोचकर वे देवगुरु बृहस्पति के इन्द्रलोक में आने पर अपने सिंहासन से नहीं उठे और न ही उन्होंने उन्हें आसन

ग्रहण करने के लिए कहा। बृहस्पति परम ज्ञानी थे। वे इन्द्र के मन की बात भांप गए और बिना कुछ कहे वापस चले गए।

कुछ देवगण के समझाने पर इन्द्र को अपनी गलती का आभास हुआ। वे दोड़े-दोड़े देवगुरु के यहाँ पहुँचे।

लेकिन इन्द्र द्वारा अपमानित देवगुरु अन्यत्र चले गए थे, इसलिए कहीं नहीं मिले। इन्द्र ने उन्हें प्रत्येक स्थान पर ढूँढ़ा। लेकिन निराशा ही हाथ लगी। देवगुरु के बिना यज्ञ कार्य रुक गए और देवताओं की शक्ति धीरे-धीरे क्षीण होने लगी। शीघ्र ही इसकी भनक असुरों को हो गई। वे देवताओं पर चढ़ाई करने की योजना बनाने लगे।

एक दिन दैत्यगुरु शुक्राचार्य से आज्ञा प्राप्त कर असुरों ने स्वर्ग पर चढ़ाई कर दी और मारकाट मचा दी। देवताओं में हड़कम्प मच गया। वे प्राण बचाकर इधर-उधर भागने लगे। इन्द्र भी सिंहासन छोड़कर भाग खड़े हुए। असुरों ने स्वर्ग पर अधिकार कर लिया।

पराजित इन्द्र देवगण सहित ब्रह्माजी की शरण में पहुँचे और उचित मार्गदर्शन की याचना करने लगे।

ब्रह्माजी ने उन्हें बताया कि वे त्वष्टा ऋषि के पुत्र विश्वरूप को; जो वेदज्ञ, विद्वान हैं, उन्हें अपना गुरु मानकर उनसे यज्ञ आदि कार्य सम्पन्न करवाएँ। इन्द्र ने उनकी आज्ञा मानकर विश्वरूप को देवगुरु बनने के लिए मना लिया और विश्वरूप इन्द्र आदि देवताओं के लिए यज्ञ करवाने लगे। विश्वरूप की माता असुर कुल की थीं अत: वे चुपचाप असुरों का भी सहयोग करते थे। उनका यह कार्य इन्द्र से छिपा नहीं रह सका। एक दिन इन्द्र ने क्रोध में आकर वेदाध्ययन करते विश्वरूप का सिर काट दिया। इससे इन्द्र को ब्रह्महत्या का पाप लगा।

इन्द्र तेजहीन हो गए। सभी उनकी उपेक्षा करने लगे। इन्द्र की यह दुर्दशा देख देवगुरु बृहस्पति का हृदय करुणा से भर आया और वे स्वत: ही उनके समक्ष प्रकट हो गए। इन्द्र ने उनसे क्षमा माँगी। तब प्रसन्न होकर बृहस्पति ने देवताओं के यज्ञ आदि कार्य संपन्न करवाए और इन्द्र की ब्रह्महत्या को पृथ्वी, जल, वृक्ष एवं स्त्रियों में वितरित कर दिया। तत्पश्चात् उन्होंने इन्द्र को उनका राजपाठ वापस दिलवाया।

इधर, त्वष्टा ऋषि ने पुत्र की हत्या से क्रुद्ध होकर अपने तप के

प्रभाव से महापराक्रमी वृत्रासुर नामक एक भयंकर असुर को प्रकट करके इन्द्र के पीछे लगा दिया। उसके पराक्रम से सभी देवता भयभीत हो गए। इन्द्र भी भय से काँपने लगे और देवताओं के साथ फिर ब्रह्माजी की शरण में पहुँचे। ब्रह्माजी ने कहा कि यदि नैमिषारण्य में तपस्यारत महर्षि दधीचि अपनी अस्थियाँ उन्हें दान में दे दें तो वे उनसे वज्र का निर्माण कर वृत्रासुर को मार सकते हैं। ब्रह्माजी से वृत्रासुर को मारने का उपाय जानकर देवराज इन्द्र देवताओं सहित नैमिषारण्य की ओर दौड़ पड़े।

दधीचि ब्रह्माजी के पौत्र तथा अथर्वा ऋषि के पुत्र थे। उन्होंने अपना आश्रम चन्द्रभागा के तट पर बनाया था। एक बार की बात है, महर्षि दधीचि ने अश्विनी कुमारों को ब्रह्मविद्या का उपदेश दिया जो इन्द्र को अच्छा नहीं लगा और उन्होंने उनका सिर उतार लिया। किंतु अश्विनी कुमारों ने उनके धड़ पर अश्व का सिर लगा दिया जिससे वे 'अश्वशिरा' नाम से प्रसिद्ध हुए। जिस इन्द्र ने महर्षि दधीचि के साथ इतना घोर अन्याय किया हो, वही इन्द्र आज उनके पास इनकी अस्थियाँ माँगने आ रहे थे। नैमिषारण्य में पहुँचकर इन्द्र सहित समस्त देवताओं ने महर्षि दधीचि की स्तुति की। महर्षि ने प्रसन्न होकर उनसे इच्छित वरदान माँगने के लिए कहा। इन्द्र ने सारा वृतान्त सुनाकर उनसे उनकी अस्थियाँ माँगी।

तब दधीचि बोले—"देवराज! प्रत्येक जीवधारी का स्वयं प्राण त्यागना एक कठिन कार्य अवश्य है किंतु आपकी बात सुनकर ऐसा करना आवश्यक हो गया है। त्रिलोक की रक्षा के लिए मैं आपको अपनी अस्थियाँ अवश्य दूँगा। किंतु इससे पूर्व मैं तीर्थ-दर्शन करना चाहता हूँ।"

तब इन्द्र ने नैमिषारण्य में ही सभी तीर्थों को बुलवा लिया। महर्षि दधीचि तीर्थ-दर्शन कर समाधि में लीन हो गए और प्राण त्याग दिए। देवताओं की आज्ञा से एक जंगली गाय ने अपनी कंटीली जीभ से चाट-चाटकर महर्षि की सारी चमड़ी उधेड़ दी। तब महातपस्वी के तप से अभिमंत्रित रीढ़ की अस्थि को इन्द्र ने ले लिया और उस अस्थि से अपने महाशक्तिशाली वज्र का निर्माण करवाया। उस वज्र से इन्द्र ने महापराक्रमी असुर वृत्रासुर का अन्त किया।

•••

2

अभिमानी रावण

दस शीश रावण स्वयं को सर्वशक्तिमान समझता था। एक बार उसने अपनी शक्ति के घमंड में भरकर भगवान् शिव का सिंहासन अर्थात् कैलाश पर्वत को उठाने का प्रयास किया। यह पौराणिक कथा इस प्रकार है—

एक बार रावण ने निश्चय किया कि वह भोलेशंकर को प्रसन्न करके वरदान प्राप्त करेगा। और वह कैलाश पर्वत पर जाकर तपस्या में

लीन हो गया। उसने घोर तपस्या की किंतु भगवान् शिव प्रसन्न नहीं हुए। तब अपने शीश काट-काट कर उनके चरणों में अर्पित करने लगा। इस प्रकार एक-एक कर उसने नौ शीश चढ़ा दिए। किंतु जैसे ही वह दसवाँ शीश चढ़ाने लगा, भगवान् शिव वहाँ प्रकट हुए और उससे मनोवांछित वरदान माँगने को कहा।

रावण वर माँगते हुए बोला—"भगवन्! मुझे ऐसा अतुल बल प्रदान करें जिसकी कोई तुलना न हो। साथ ही जितने शीश मैंने आपके चरणों में अर्पित किए हैं वे भी पूर्ववत हो जाएँ।' भगवान् शिव तथास्तु कहकर वहाँ से अंतर्धान हो गए। रावण प्रसन्न होकर अट्टहास कर उठा कि 'उसके जैसा परम बलशाली अब इस पृथ्वी पर दूसरा कोई नहीं है।'

इधर, रावण द्वारा वरदान प्राप्त करने से देवताओं एवं ऋषियों की चिंता बढ़ गई। उन्होंने देवर्षि नारद से इस समस्या का समाधान पूछा। नारद ने कहा कि 'चिन्ता की कोई आवश्यकता नहीं है। कार्य कठिन है लेकिन असम्भव नहीं है।' उनके आशापूर्ण उत्तर से देवगण एवं ऋषिगण सन्तुष्ट हो गए।

उधर रावण अट्टहास करता लंका की ओर बढ़ रहा था। नारद जी ने भी वही राह पकड़ी और उसके सामने पहुँचकर बोले—"राक्षसराज! आपकी प्रसन्नता स्पष्ट कर रही है कि आपको कोई मुँह माँगा वरदान प्राप्त हुआ है?" रावण गर्व से भरकर बोला—"आपने सत्य कहा, देवर्षि! आज मैं बहुत प्रसन्न हूँ। मैंने भगवान् शिव से अतुल्य बल का वरदान प्राप्त किया है।"

नारदजी मुस्कुराते हुए बोले—"राक्षसराज! आप इतने ज्ञानी होकर भी किस धतूरा खाने वाले उन्मत शिव की बातों में आ गए। उन्होंने नशे में वरदान दिया होगा। आप उस वरदान पर बिल्कुल विश्वास न करें और यदि आप उसकी प्रमाणिकता जानना चाहते हैं तो कैलाश को उठा कर देख लें।"

रावण गर्व से फूल कर बोला—"वाह देवर्षि! क्या युक्ति सुझाई है आपने! शिव का वरदान सच है अथवा नहीं, मैं अभी पुष्टि करता हूँ।"

देवर्षि बोले—"तुरन्त जाइए राक्षसराज, अन्यथा देर हो जाएगी।"

अभिमानी रावण कैलाश पर्वत को उठाने लगा। कैलाश को हिलते-डुलते

देख भगवान् शिव सारी बात समझ गए और क्रोध में भरकर बोले—"इस घमंडी को अभी सबक सिखाता हूँ।" यह कहकर उन्होंने पैर के एक अँगूठे से कैलाश पर्वत को थोड़ा सा दबा दिया जिससे रावण उसके नीचे दबकर छटपटाने लगा और शिवजी को मनाने के लिए प्रार्थना करने लगा।

अनेक वर्षों की प्रार्थना के बाद शिवजी थोड़ा प्रसन्न हुए। उन्होंने कैलाश को ऊपर कर उसे बाहर निकाला। रावण क्षमा याचना करने लगा।

शिवजी बोले—"मूर्ख! तू मेरे वरदान का प्रयोग मेरे ही ऊपर करने लगा। तुझे अपनी शक्ति पर घमंड हो गया है लेकिन याद रख, तेरा नाश करने वाला भी बहुत जल्दी जन्म लेने वाला है।"

रावण सोचने लगा कि कुछ भी हो, शिव का वरदान अवश्य फलदायी है और वही सर्वशक्तिशाली है। देवर्षि नारद छुपकर सारी घटना देख रहे थे। अपना कार्य सम्पन्न होता देख वे अत्यंत प्रसन्न हुए और नारायण-नारायण करते हुए चल दिए।

इस कथा से स्पष्ट है कि मनुष्य को कभी अभिमान नहीं करना चाहिए। रावण महाविद्वान था; उस जैसा विद्वान पृथ्वी पर न हुआ है और न ही कभी होगा। लेकिन बल के घमंड के कारण उसने अपने कुल का नाश करवा लिया। इसलिए अपनी शक्ति का उपयोग हमेशा भलाई के कार्य में करना चाहिए।

•••

3

महर्षि ऋभु

महर्षि ऋभु ब्रह्माजी के मानस पुत्रों में से एक थे। उन्होंने अपना आश्रम कहीं भी नहीं बनाया था। वे स्वतंत्र विचरण करते थे। इसी प्रकार एक दिन विचरण करते हुए वे पुलस्त्य ऋषि के आश्रम के निकट पहुँचे। वहाँ ऋषि पुत्र निदाघ वेदों के अध्ययन में लीन था। निदाघ ने महर्षि ऋभु को देखकर सादर प्रणाम किया।

निदाघ के आदर-सत्कार से ऋभु बड़े प्रसन्न हुए और उन्होंने कहा—"वत्स! जीवन का वास्तविक ज्ञान आत्मज्ञान है, उसे प्राप्त करो। यदि वेदों को कंठस्थ करने से वस्तु तत्त्व का ज्ञान न हो तो सब व्यर्थ है। इसलिए आत्मज्ञान के तत्त्व को प्राप्त करो।"

यह कहकर महर्षि ऋभु वहाँ से चले गए। निदाघ पिता के पास पहुँचा और उन्हें सारा वृतान्त बताया।

कुछ दिनों बाद पुलस्त्य ने निदाघ का विवाह कर दिया। अब वह गृहस्थ हो गया था, अतः उसने वीरनगर के निकट देविका नदी के तट पर एक सुंदर आश्रम बनाया और वहीं पत्नी के साथ रहने लगा। समय बीतता गया।

एक दिन महर्षि ऋभु को निदाघ का स्मरण हुआ और वे उसके आश्रम में पहुँचे। निदाघ उन्हें नहीं पहचान सका, लेकिन गृहस्थ धर्म के अनुसार उसने अतिथि को भोजन कराया। भोजनादि से निबटकर निदाघ ने कहा—"महर्षि! आप भोजन से तृप्त हुए? आपका आगमन कहाँ से हुआ है? आपका आश्रम कहाँ है और अब कहाँ प्रस्थान करेंगे?"

महर्षि ने उत्तर दिया—"निदाघ! भूख प्यास का आभास प्राणों को होता है, मैं प्राण नहीं हूँ। अतः प्राण तृप्त हुए अथवा नहीं, यह मैं कैसे बता सकता हूँ? प्राणी का मन स्वस्थता एवं तृप्ति को बताता है, प्राण नहीं क्योंकि वह मन से अलग है। आत्मा अर्थात् प्राण कहीं भी आ-जा सकते हैं। अतः मैं न कहीं रहता हूँ न कहीं जाता हूँ न कहीं से आता हूँ। कभी तृप्ति देने वाले पदार्थ अतृप्ति देते हैं और कभी अतृप्ति देने वाले पदार्थ तृप्ति देते हैं, अतः इन पर विश्वास न करते हुए समस्त अनात्म वस्तुओं से ऊपर उठना चाहिए। सांसारिक लोग मोहमाया वश यह भूल जाते हैं कि उनका वास्तविक स्वरूप क्या है। मनुष्य को इस बन्धन में नहीं बँधना चाहिए। अतः तुम भी इन बन्धनों को त्याग कर इनसे मुक्त हो जाओ।"

महर्षि के ये शब्द सुनकर निदाघ उनके चरणों पर गिर पड़ा। तब महर्षि ऋभु बोले—"वत्स! मैं तुम्हारा गुरु ऋभु हूँ।" यह सुनकर निदाघ अत्यंत प्रसन्न हुआ। महर्षि उसे आशीर्वाद देकर चले गए। इस प्रकार कुछ वर्ष बीत गए।

एक बार वह वीरपुर नरेश मार्ग से निकल रहे थे। उन्हें देखने के लिए अपार भीड़ एकत्रित थी। निदाघ भी वहाँ था। अचानक तभी महर्षि ऋभु भी वहाँ आ पहुँचे।

निदाघ को देखकर उन्होंने पूछा—"यह भीड़ कैसी है? कौन आ रहा है?" निदाघ ने कहा—"वीरपुर नरेश आ रहे हैं।" महर्षि ने कहा—"यह बताओ, इस भीड़ में राजा कौन है और अन्य व्यक्ति कौन हैं?" निदाघ ने कहा—"जो व्यक्ति हाथी पर बैठा है वह राजा है, शेष सभी अन्य व्यक्ति हैं।" महर्षि ने कहा—"राजा एवं हाथी का ऐसा गुण बताओ जिससे यह ज्ञात हो कि ऊपर कौन है और नीचे कौन है?" यह सुनकर निदाघ ने उन्हें देखा। फिर तुरंत उन पर चढ़ गया और बोला—"मैं ऊपर हूँ, अतः राजा हूँ और आप नीचे हैं इसलिए हाथी हैं।"

महर्षि बोले—"चलो मान लेते हैं कि तुम ऊपर हो इसलिए राजा हो और मैं नीचे हूँ अतः मैं हाथी हूँ। किंतु यह बताओ कि मैं कौन हूँ और तुम कौन हो?" यह सुनते ही निदाघ उनके चरणों में गिर पड़ा और बोला—"क्षमा गुरुदेव क्षमा! आप मेरे गुरु हैं। मैंने अनजाने में बहुत बड़ा अपराध कर दिया। कृपया मुझे क्षमा करे।"

महर्षि बोले—"उठो वत्स! अपराध कोई नहीं करता। यदि वृक्ष से एक फल नीचे जाते राहगीर के सिर पर गिरे तो किसका अपराध हुआ? इसलिए कोई भी अपराध नहीं करता है।"

उनकी क्षमाशीलता को देखकर निदाघ ने उनकी स्तुति की और उनसे तत्वज्ञान प्राप्त किया। इस क्षमाशीलता के कारण वे ऋभुक्षानंद के रूप में प्रसिद्ध हुए और उनकी महिमा ब्रह्माजी के समान हुई।

•••

4

नि:स्वार्थ पाप

जनकल्याण के लिए नि:स्वार्थ भाव से यदि कोई गलत कार्य किया जाए तो वह भी क्षमायोग्य होता है। ऐसा ही अंगदेश के राजा रोमपाद के साथ हुआ।

बहुत पहले की घटना है, अनेक वर्षों तक वर्षा न होने कारण अंगदेश में भयंकर अकाल पड़ गया। नदियाँ, पोखर, तालाब—सब सूख गए। चारों तरफ हाहाकार मच गया। नर, नारी, बच्चे, जानवर आदि भूख-प्यास से पीड़ित होकर मौत के मुँह में जाने लगे। राजा रोमपाद को कोई उपाय नहीं सूझ रहा था कि इस स्थिति से कैसे निबटा जाए। उन्होंने ब्राह्मणों से उपाय पूछा।

ब्राह्मणों ने बताया—"राजन! यह देव प्रकोप है। इससे बचने का केवल एक उपाय है। यदि ऋषिकुमार राजधानी में आएँ तो इस स्थिति

से छुटकारा मिल सकता है। ऋषिकुमार परम तपस्वी ब्रह्मचारी हैं। उनके आगमन से नगर में अच्छी वर्षा होगी।"

ब्राह्मणों की बात सुनकर रोमपाद ऋष्यश्रृंग को अपने राज्य में लाने का उपाय सोचने लगे। सोच विचार कर इस कार्य के लिए गणिकाओं को चुना गया। वे चतुर थीं। राजा ने उनसे कहा कि वे महर्षि विभादंडक के आश्रम से किसी भी प्रकार बहला-फुसलाकर ऋष्यश्रृंग को राजधानी में ले आएँ।

गणिकाओं के साथ योजना बनाकर एक कृत्रिम आश्रम बनाया। उसमें पेड़, पौधे, झाड़ आदि की रचना कर मृग, मोर, खरगोश आदि छोड़ दिए। इस कृत्रिम आश्रम को उन्होंने बजरे का रूप दिया और नदी से होती हुई विभादंडक मुनि के आश्रम के निकट जा पहुँची। गणिकाओं ने पता लगा लिया था कि महर्षि विभादंडक प्रात:काल निकलकर सायंकाल तक ही आश्रम लौटते हैं। नदी के तट पर बजरे को बाँधकर एक गणिका ने ब्रह्मचारी का रूप धारण किया और मुनि के आश्रम में प्रवेश किया।

उस समय आश्रम में ऋष्यश्रृंग अकेले थे। गणिका ने उन्हें प्रणाम किया। ऋष्यश्रृंग ने उससे परिचय पूछा। ब्रह्मचारी बनी गणिका बोली— "मैं एक ब्रह्मचारी हूँ और समीप के आश्रम से आया हूँ।" तदंतर उसने ऋष्यश्रृंग को फूलों की माला पहनाकर फल आदि भेंट किए। वार्तालाप में अधिक समय हो गया। गणिका ने सोचा कि 'महर्षि आते ही होंगे। अब उसे चलना चाहिए।'

वह बोली—"ऋषिकुमार! अग्निहोत्र का समय हो रहा है, अत: अब मुझे चलना चाहिए। आप हमारे आश्रम में भी अवश्य पधारें।" यह कहकर गणिका वहाँ से चली गयी।

ऋष्यश्रृंग फूलों की माला गले में ही डाले रहे। कुछ देर बाद महर्षि विभादंडक आ गए। उन्होंने ऋष्यश्रृंग के गले में पुष्पों की माला देखी तो वे समझ गए कि अवश्य कोई कुमार का ब्रह्मचर्य व्रत भंग करने के उद्देश्य से वहाँ आया था। उन्होंने बहुत खोजा लेकिन वहाँ कोई नहीं मिला। अब महर्षि विभादंडक को एक माह के मौन व्रत के लिए अन्यत्र जाना था अत: उन्होंने ऋष्यश्रृंग को आश्रम के सभी कार्य समझाए और सावधान रहने के लिए कहकर वहाँ से चले गए।

इधर गणिकाएँ इसी अवसर की प्रतीक्षा कर रही थीं। महर्षि के जाते ही एक गणिका ने पुनः ब्रह्मचारी वेश धारण करके आश्रम में प्रवेश किया और ऋष्यशृंग को अपने शब्दों के जादू में बाँधकर अपने कृत्रिम आश्रम में ले गई। आश्रम में प्रवेश करते ही उन्होंने बजरे को अंगदेश की ओर खेना शुरू कर दिया गया।

जैसे ही बजरे के साथ ऋष्यशृंग ने अंगदेश में प्रवेश किया, मूसलाधार वर्षा आरम्भ हो गयी। राज्य में खुशी की लहर दौड़ गई। रोमपाद भी खुशी से झूम उठे। उन्होंने ऋष्यशृंग का आदर-सत्कार किया और अपने महल में उन्हें अतिथि बनाकर रखा। किंतु मन ही मन उन्हें यह भय था कि यदि ऋष्यशृंग के पिता महर्षि विभादंडक को जब इस बात का ज्ञान होगा तो वे अपने तपोबल से अंगदेश को भस्म कर देंगे। उन्होंने मंत्रियों से मंत्रणा की। तब निर्णय हुआ कि राजकुमारी शांता का विवाह ऋष्यशृंग से कर दिया जाए। शीघ्र ही बड़ी धूमधाम के साथ ऋष्य शृंग का विवाह राजकुमारी शांता के साथ कर दिया गया।

इधर जब महर्षि विभादंडक का मौन व्रत समाप्त हुआ और वे आश्रम लौटे तो ऋष्यशृंग को वहाँ न पाकर चिंतित हुए। लेकिन अपने ब्रह्मज्ञान से वे सब समझ गये और अंग राज्य की ओर चल पड़े।

महर्षि विभादंडक के अंगदेश आने की सूचना राजा रोमपाद को पहले ही मिल चुकी थी। उन्होंने आदेश दिया कि महर्षि जहाँ-जहाँ से निकलें, उनके आदर-सत्कार में कोई कमी न रखी जाए। अतः मार्ग में विभादंडक मुनि का भरपूर आदर-सत्कार हुआ। इस प्रकार धीरे-धीरे उनका क्रोध शान्त हो गया।

राजमहल पहुँचने पर विभादंडक मुनि ने जब देखा कि उनका पुत्र उनकी पुत्रवधु के साथ सिंहासन पर विराजमान है तो वे बहुत प्रसन्न हुए। उनके पुत्र ने पत्नी सहित उनसे आशीर्वाद प्राप्त किया। तदंतर जब रोमपाद ने ऋष्यशृंग को इस प्रकार लाने का प्रयोजन बताया तो महर्षि समझ गए कि राजा ने यह कार्य जनकल्याणार्थ किया था। अतः उन्होंने रोमपाद को क्षमा कर दिया।

इस प्रकार यह प्रमाणित होता है कि जनकल्याण की भावना को सर्वोपरि रखने पर, किया गया पाप भी पाप न होकर पुण्य में बदल जाता है।

5

महर्षि जमदग्नि

प्राचीन समय की बात है, पृथ्वी पर गाधि नामक एक बड़े प्रतापी और धर्मात्मा राजा थे। सत्यवती नामक उनकी एक पुत्री थी। वह बड़ी रूपवान और गुणवान थी। जब वह विवाह योग्य हुई तो महर्षि ऋचीक राजा गाधि के पास आकर सत्यवती से विवाह की प्रार्थना करने लगे। गाधि ने सोचा कि 'ये महर्षि वृद्ध हैं, वन में निवास करते हैं और कठिन जीवन जीते हैं। मेरी फूल-सी कन्या इनके साथ कैसे रह पाएगी? लेकिन इन्हें मना करता हूँ तो कहीं क्रोधित होकर ये श्राप न दे दें।'

अतः उन्होंने एक उपाय सोचकर कहा—"हे महर्षि! मुझे अपने वंश की परम्परा का पालन करना है। जिसके अनुसार हम कन्या के होने वाले पति से शुल्क लेते हैं। इसलिए मुनिवर! यदि आप शुल्क के रूप

में एक हज़ार श्यामकर्ण वाले श्वेत अश्व दे दें तो मैं सत्यवती का विवाह आपके साथ कर दूंगा।"

महर्षि ऋचीक गाधि के मन की बात समझ गए। अपने तपोबल से उन्होंने उसी समय वरुणदेव से एक हज़ार अश्व लेकर राजा गाधि को दे दिए। अब गाधि महर्षि ऋचीक की बात मानने के लिए बाध्य हो गए थे। अत: उन्होंने विधिपूर्वक अपनी पुत्री सत्यवती का विवाह उनके साथ कर दिया। ऋचीक मुनि सत्यवती को लेकर अपने आश्रम लौट आए।

राजा गाधि के कोई पुत्र नहीं था। सत्यवती की माता ने अपनी पुत्री को समझाया कि उसके पति परम तपस्वी और तपोबल से पूर्ण हैं। हो सकता है कि वे ऐसा कोई उपाय कर दें कि उनके पुत्र हो जाए। अत: वह अपने पति से ऐसा वरदान माँग ले। सत्यवती ने माता को उनका कार्य करने का वचन दिया। एक दिन मौका पाकर सत्यवती ने महर्षि से स्वयं तथा अपनी माता के लिए पुत्र की इच्छा प्रकट की।

तब महर्षि ने तपोबल से पत्नी के लिए ब्रह्मशक्ति वाला तथा सास के लिए क्षत्रिय धर्म वाला चारु (प्रसाद) बनाया। दोनों को चारु देने के बाद वे संध्यावंदन के लिए नदी-तट पर चले गए।

सत्यवती की माता ने सोचा कि सत्यवती के लिए बना चारु सर्वश्रेष्ठ होगा। अत: उसने उससे चारु बदल लिया। इस प्रकार सत्यवती का चारु उसकी माता ने और माता का चारु सत्यवती ने खा लिया। जब महर्षि को ज्ञात हुआ तो वे बोले—"कल्याणी! चारु बदले जाने के कारण तुम्हें क्षत्रिय कर्म करने वाला पुत्र प्राप्त होगा। इसके विपरीत तुम्हारी माता को ब्रह्मतेज युक्त पुत्र प्राप्त होगा।"

कुछ समय बाद सत्यवती की माता ने जिस पुत्र को जन्म दिया, वह आगे चलकर ऋषि विश्वामित्र के नाम से प्रसिद्ध हुआ। विश्वामित्र क्षत्रिय थे लेकिन उनके कर्म ब्राह्मणों के समान थे। दूसरी ओर सत्यवती के गर्भ से महर्षि जमदग्नि हुए। किंतु जमदग्नि के पुत्र अर्थात् सत्यवती के पौत्र परशुराम हुए। महर्षि ऋचीक ने पत्नी की प्रार्थना पर पुत्र के स्थान पर पौत्र को क्षत्रिय कर्म वाला होने का वर दे दिया था। अत: उनके कर्म क्षत्रिय के समान थे, जबकि वे ब्राह्मण थे। सबकुछ महर्षि ऋचीक के कहे अनुसार ही हुआ। महर्षि जमदग्नि प्राय: तपस्या में लीन रहते थे। वैदिक कार्यों में लगे रहना उनका कर्म था। उनकी पत्नी का नाम रेणुका था।

एक बार की बात है, हैहयवंश का पराक्रमी राजा सहस्रार्जुन शिकार खेलने निकला। शिकार खेलते-खेलते वह बहुत दूर निकल आया। अतः विश्राम की इच्छा से उपयुक्त स्थान खोजने लगा। थोड़ी दूरी पर उसे महर्षि जमदग्नि का आश्रम दिखाई दिया। वह वहाँ पहुँचा। महर्षि ने उसका आदर-सत्कार किया। राजा के साथ आई विशाल सेना भी वहीं विश्राम करने लगी। महर्षि जमदग्नि के पास कामधेनु नामक एक गाय थी जो सभी जीवों का पेट भरती थी। गो की सहायता से महर्षि ने राजा सहित सभी को तृप्त कर दिया। यह देख राजा ने सोचा कि वह गाय तो उनके पास होनी चाहिए। उन्होंने महर्षि से गो माँगी।

महर्षि ने कहा—"राजन! मैं अपने यज्ञ आदि सभी कर्म इस कामधेनु की सहायता से करता हूँ। सम्पूर्ण आश्रमवासी इसी पर निर्भर हैं। इसलिए मैं इसे आपको नहीं दे सकता।"

यह सुनकर सहस्रार्जुन को क्रोध आ गया। अहंकार में चूर होकर वह उसी समय बलपूर्वक कामधेनु को अपने राज्य में ले गया। महर्षि ने कुछ नहीं कहा, वे शान्त रहे। लेकिन जब उनके पुत्र परशुराम को इस विषय में पता चला तो वे क्रोध से भर गए। उन्होंने उसी समय सहस्रार्जुन की राजधानी में पहुँच कर उसका मस्तक काट डाला और कामधेनु को वापस आश्रम ले आए।

जमदग्नि को सहस्रार्जुन के वध के विषय में पता चला तो वे दुःखी होकर परशुराम से बोले—"वत्स! हम ब्राह्मणों का कार्य क्षमादान है न कि किसी की हत्या करना। तुमने यह क्या कर दिया? क्षमादान करने के कारण ही लोग ब्राह्मणों को पूजते हैं। तुम्हारे इस कार्य से कामधेनु तो वापस मिल गई लेकिन तुम घोर पाप के भागी बन गए। अब तुम विभिन्न तीर्थों के दर्शन करते हुए अपने पाप का निवारण करो।"

परशुराम के तीर्थ-भ्रमण पर जाने के बाद बदले की भावना से प्रेरित होकर सहस्रार्जुन के पुत्रों ने महर्षि जमदग्नि का शीश काट दिया। मृत्यु के बाद महर्षि जमदग्नि सप्तर्षियों में सम्मिलित हो गए। किंतु परशुरामजी का क्रोध सातवें आसमान पर पहुँच गया और उन्होंने इस पृथ्वी को इक्कीस बार क्षत्रियों से विहीन कर दिया।

महर्षि जमदग्नि का स्वभाव क्षमाशीलता से ओतप्रोत था। अपने इसी गुण के कारण वे जन-जन में पूजनीय हुए। •••

6

आत्मज्ञान

शुकदेवजी महर्षि वेदव्यास के पुत्र थे। वे परम विद्वान थे। एक बार उन्होंने आत्मज्ञान प्राप्त करने का निश्चय किया। उन्होंने पिता से आज्ञा ली और मिथिला नगरी जा पहुँचे।

यह नगरी विदेहराज जनक की थी। उन्होंने यहाँ का वैभव देखा, किंतु उनके मन पर कोई प्रभाव नहीं पड़ा। इस प्रकार नगर का वैभव देखते हुए जब वे राजमहल की डयोढ़ी पर पहुँचे तो द्वारपालों ने उन्हें वहीं रोक लिया। वे वहीं धूप में खड़े रहे, किंतु फिर भी उनके मन में तनिक

भी विकार नहीं आया। वहाँ उन्हें तीन दिनों तक रुकना पड़ा। चौथे दिन उन्हें दूसरी डयोढ़ी को चढ़ने दिया गया। वहाँ पर छाया थी और उन्हें सम्मान भी मिला। उन पर न तो धूप के अपमान का और न ही ठन्डी छांव के सम्मान का कुछ असर हुआ। वहाँ बैठकर वे आत्मचिंतन में लीन हो गए। तत्पश्चात् राज्य के मंत्री ने उन्हें आदर-सम्मान के साथ रमणीक उपवन प्रेमदावन में भेज दिया। दासियों ने उन्हें भोजन करवाकर वहाँ की सुंदरता का अवलोकन करवाया। साथ ही वे दासियाँ उनके साथ कई प्रकार के आमोद-प्रमोद करती रहीं। किंतु फिर भी उनके मन में कोई विकार पैदा नहीं हो सका।

जब रात हुई तो उन्हें महल के अन्दर नर्म बिछोने पर आराम करने को कहा गया। उन्होंने हाथ-पैर धोकर रात्रि के प्रथम पहर में ध्यान किया; दूसरे व तीसरे पहर सोए तथा चौथे पहर फिर ध्यान में मग्न हो गए। यहाँ भी कई दासियाँ उनके चारों ओर बैठी रहीं। लेकिन वे शुकदेवजी के मन पर तनिक प्रभाव भी नहीं डाल सकीं। शुकदेवजी आत्मचिंतन में लीन रहे।

जब महाराज जनक को पता चला कि उनके मन पर कोई प्रभाव नहीं पड़ा तो वे स्वयं अगले दिन उनके पास पहुँचे और उनका आदर-सत्कार कर उन्हें श्रेष्ठ आसन पर बिठाया। शुकदेवजी ने जब आसन ग्रहण किया तो राजा जनक ने उन्हें अर्घ्य दिया। तत्पश्चात् स्वयं उनके चरणों के पास बैठकर वार्तालाप करने लगे। अंत में जनक ने उनसे कहा— "मुनिवर! आप परम ज्ञानी हैं तथा लोभ, क्षोभ, सुख, दुख, भय, भेद आदि विकारों से मुक्त हैं। इनका आप पर कोई भी प्रभाव नहीं पड़ता। इतना सब होते हुए भी आप अपने ज्ञान को कम समझते हैं। जबकि वास्तविकता तो यह है कि आप स्वयं अपने प्रभाव को नहीं समझते।"

यह सुनकर शुकदेवजी को आभास हुआ कि उनका वास्तविक स्वरूप क्या है। इस प्रकार उन्होंने आत्मज्ञान प्राप्त किया।

•••

7

वराह अवतार

भगवान् विष्णु ने समय-समय पर अवतार लेकर पृथ्वीवासियों का उद्धार किया है। उनके 'वराहावतार' की कथा इस प्रकार है—

सृष्टि रचना में सहायक बनने के लिए ब्रह्माजी ने स्वयंभू मनु और उनकी पत्नी शतरूपा को उत्पन्न किया। तब स्वयंभू मनु ब्रह्माजी की स्तुति करते हुए बोले—"भगवन्! आपके श्रीचरणों में हमारा बारम्बार प्रणाम। पितामह! हम क्या करें, जिससे कि हमें भगवान् विष्णु की कृपा प्राप्त हो सके और लोक-परलोक में हमारी कीर्ति फैल जाए।"

ब्रह्माजी ने उन्हें सृष्टि रचना में सहायक बनने की आज्ञा दी और कहा कि इसी कार्य से उन्हें विष्णु भक्ति, सद्गति और प्रसिद्धि मिलेगी।

उस समय दैत्यराज हिरण्याक्ष ने पृथ्वी को अथाह जल में छिपा दिया था। तब स्वयंभू मनु विनती करते हुए बोले—"पिताश्री! दैत्य हिरण्याक्ष ने पृथ्वी को सागर में छिपा दिया है। कृपया बताएँ, मैं सृष्टि कहाँ करूँ?"

मनु की बात सुनकर ब्रह्माजी विचार करने लगे—'यह कठिन कार्य कैसे होगा? मैं चिरकाल तक इस जगत् की सृष्टि करता रहा, लेकिन हिरण्याक्ष के कारण पृथ्वी जल में डूब गई। उसे पुनःस्थापित करना आवश्यक है और यह तभी संभव है, जब आदिपुरुष भगवान् विष्णु मेरे सहायक बनें।'

ब्रह्माजी इस विषय पर गम्भीरता से विचार कर रहे थे, तभी उनकी नासिका में से एक अत्यंत छोटा वराह (सूअर) प्रकट हुआ। प्रकट होते ही वह छोटा वराह एक विशालकाय वराह में परिवर्तित हो गया। तभी उस वराह पर फूलों की वर्षा होने लगी और दिव्य आकाशवाणी हुई—"ये वराह अवतारी भगवान् विष्णु हैं, जिनका यह अवतार दैत्य हिरण्याक्ष के वध के लिए हुआ है।"

ठीक उसी समय वराहरूपी भगवान् विष्णु भयंकर गर्जन करने लगे। उन्होंने अपने तीव्र गर्जन से ब्रह्मा सहित सभी प्रधान ऋषि-मुनियों के मन में आनंद की लहरें उत्पन्न कर दीं। दिशाएँ उस तीव्र नाद से गूँज उठीं।

जब देवगण ने उस गर्जन को सुना, तो उन्होंने ऋक्, साम एवं यजुर्वेद के उत्तम स्तोत्रों द्वारा आदिपुरुष भगवान् वराह की स्तुति की। स्तुति से प्रसन्न होकर वराहरूपी भगवान् विष्णु उन्हें अनुगृहीत कर जल में प्रविष्ट हो गए। उनके विराट शरीर के भयंकर आघातों से जल में खलबली मच गई।

समुद्र ने हाथ जोड़कर प्रार्थना की—"भक्तों के दुःख दूर करने वाले भगवान् विष्णु! मैं आपकी शरण में हूँ। मुझ शक्तिहीन पर दया कीजिए।"

समुद्र की करुण प्रार्थना सुनकर भगवान् वराह जलचरों को इधर-उधर हटाते हुए शांत भाव से गहरे जल में चले गए। उस समय समस्त प्राणियों को आश्रय देने वाली पृथ्वी जल के भीतर कीचड़ में छिपी हुई थी। भगवान् वराह ने उसे अपनी दाढ़ से उखाड़ा और दाँतों के अग्रभाग पर

रख लिया। फिर उसे जल से बाहर ले आए। यह देखकर सभी उनकी जय-जयकार करने लगे।

तभी दैत्य हिरण्याक्ष वहाँ आ पहुँचा। उसने भगवान् वराह को देखा तो हँसते हुए बोला—"अरे! यह जंगली पशु जल में कहाँ से आ गया और पृथ्वी को कहाँ लिए जा रहा है? लगता है, इसे प्राणों का मोह नहीं रहा या इसे मेरी शक्ति के बारे ज्ञान नहीं है। अरे दुष्ट! तू यह रूप रखकर मुझे भ्रमित नहीं कर सकता। तू अवश्य ही देवताओं का प्रिय विष्णु है, जो अपनी माया से दैत्यों को मार डालता है। आज तुझे कोई नहीं बचा सकता। मैं अपनी गदा के प्रहार से तेरे मस्तक के टुकड़े-टुकड़े कर दूँगा। फिर इन्द्र आदि देवताओं और ऋषि-मुनियों का भी संहार कर दूँगा, जो तेरी जय-जयकार कर रहे हैं।"

उस समय भय से काँपती पृथ्वी भगवान् वराह की दाढ़ों पर रखी हुई थी। उसे पुनः स्थापित किए बिना दुष्ट हिरण्याक्ष से युद्ध करना असंभव था, इसलिए उसका कटाक्ष सुनकर भगवान् वराह क्रोध का घूँट पीकर जल से बाहर आए और पृथ्वी को उसके स्थान पर स्थापित करने के लिए चल पड़े।

उन्हें वहाँ से जाते देख हिरण्याक्ष कड़कते स्वर में बोला—"मायावी! युद्ध में पीठ दिखाते तुझे लज्जा नहीं आती। क्या तेरी इसी कायरता पर ये देवता अभिमान करते हैं? क्या तूने माया के बिना कभी युद्ध नहीं किया? अब मुझे विश्वास हो गया है कि देवताओं का बल और पराक्रम साधारण मनुष्यों के समान है। वे केवल धोखे से ही हम दैत्यों का वध कर सकते हैं, सामना होते ही पीठ दिखाकर भाग जाते हैं।"

इधर भगवान् वराह अब तक पृथ्वी को स्थापित कर चुके थे। वे पलटे और भयंकर गर्जन करते हुए बोले—"दुष्ट! तुझे अपने बल पर बहुत गर्व है। आज मैं तेरा वही गर्व चूर-चूर कर तुझे काल का ग्रास बनाऊँगा। अब तुझे संसार की कोई शक्ति नहीं बचा सकती। तूने मेरी शक्ति को ललकारा है। तेरी इच्छा मैं अवश्य पूरी करूँगा। देख मेरा बल और पराक्रम।"

यह कहकर उन्होंने उस पर गदा का भीषण प्रहार किया। हिरण्याक्ष दूर जा गिरा। लेकिन गिरते ही वह चपलता से उठा और गदा लेकर

भगवान् वराह से युद्ध करने लगा। दोनों ही गदा युद्ध में कुशल थे, इसलिए एक-दूसरे के वारों को काटना भली-भाँति जानते थे।

जब युद्ध करते कई दिन बीत गए, तब ब्रह्माजी विनती करते हुए बोले—"प्रभु! यह पापी दैत्य अत्यंत बली और पराक्रमी है, इसकी मृत्यु आपके हाथों ही निश्चित है। इसलिए अब और लीलाएँ मत दिखाइए और सृष्टि के कल्याण के लिए इसका संहार कर दीजिए।"

ब्रह्माजी की विनती सुनकर भगवान् वराह मंद-मंद मुस्कराए और फिर क्षणभर में उन्होंने उसकी गदा तोड़ डाली। तब वह घूँसा तानकर आगे बढ़ा, किंतु भगवान् वराह ने अपनी गदा के एक ही प्रहार से उसके प्राण हर लिए। हिरण्याक्ष की मौत के साथ ही शंख बज उठे और देवता, ऋषि, मुनि—सभी भगवान् वराह पर पुष्पों की वर्षा कर उनकी स्तुति करने लगे।

इस प्रकार सृष्टि पर आए संकट को भगवान् विष्णु ने वराह अवतार धारण कर दूर किया।

•••

8

वामन अवतार

भगवान विष्णु के वामन अवतार की कथा :

दैत्यराज बलि प्रह्लाद का पौत्र तथा विरोचन का पुत्र था। वह बड़ा वीर, शक्तिशाली और प्रतापी था। यद्यपि वह दैत्य था किंतु भगवान में उसकी पूर्ण निष्ठा थी। यही कारण था कि वह धर्मात्मा एवं सत्यव्रती था।

एक बार जब असुरों और देवताओं में युद्ध हुआ तो दैत्यराज बलि ने देवताओं को परास्त कर स्वर्ग सहित तीनों लोकों पर अधिकार जमा लिया। इन्द्र सहित सभी देवता इधर-उधर भटकने लगे। उन्होंने अपनी दुर्दशा से छुटकारा पाने के लिए भगवान विष्णु की स्तुति की। तब भगवान् विष्णु ने प्रसन्न होकर उन्हें अभय प्रदान किया।

इधर देवताओं की दुर्दशा से देवमाता अदिति भी परेशान थी। देवताओं को उनका राज्य वापस दिलाने के लिए वह घोर तपस्या करने लगी। दैत्यों को जब इस बात की भनक लगी तो उन्होंने वन में आग लगा दी लेकिन वे अदिति को डिगा नहीं सके। भगवान विष्णु ने अदिति की रक्षा कर उसे सुरक्षित रखा तथा अभीष्ट वरदान माँगने को कहा।

अदिति वर माँगते हुए बोली—"प्रभु! मैं अपने पुत्रों को कष्ट में नहीं देख सकती; किंतु साथ ही असुर भी कश्यपजी की दूसरी पत्नी के पुत्र हैं, इसलिए वे मेरे भी पुत्र के समान हैं। अत: आप मेरे पुत्रों की इस प्रकार रक्षा करे कि दैत्यों का भी अहित न हो।"

भगवान विष्णु ने अदिति को इच्छित वर प्रदान कर दिया। वरदान की पूर्ति के लिए उन्होंने माता अदिति के पुत्र के रूप जन्म लिया। उनका यह अवतार 'वामनावतार' के नाम से प्रसिद्ध हुआ।

उस समय दैत्यराज बलि अश्वमेध यज्ञ कर रहा था। भगवान् वामन बलि की यज्ञशाला की ओर चल पड़े। उनके भार से पृथ्वी झुकने-सी लगी थी। बलि की यज्ञशाला भृगुकच्छ (वर्तमान गुजरात का भड़ौच नगर) नामक एक सुंदर स्थान पर थी।

भगवान् वामन क्षणभर में बलि की यज्ञशाला में पहुँच गए। दिव्य तेज से युक्त वे ऐसे प्रतीत हो रहे थे, मानो साक्षात् सूर्यदेव हों। उनके तेज के समक्ष यज्ञ में उपस्थित सभी भृगुवंशी ऋषिगण का तेज क्षीण हो गया। तब दैत्यराज बलि ने आगे बढ़कर उनका स्वागत किया।

उन्हें आसन पर बिठाकर बलि विनम्र स्वर में बोला—"ब्राह्मणकुमार! आज्ञा दीजिए, मैं आपकी क्या सेवा करूँ? धन, स्वर्ण, अन्न, भूमि—आपको जिस वस्तु की इच्छा हो, नि:संकोच माँग लीजिए। मैं आपकी समस्त इच्छाएँ पूर्ण करूँगा।"

बलि के मधुर वचन सुनकर भगवान् वामन प्रसन्न होकर बोले—

"दैत्यराज! आप अभीष्ट वस्तुएँ देने में सक्षम हैं, इसलिए मैं आपसे केवल तीन पग भूमि माँगता हूँ। आप तीनों लोकों के स्वामी एवं उदार आत्मा हैं, फिर भी मुझे इससे अधिक कुछ नहीं चाहिए।" दैत्यराज बलि ने हाथ में गंगाजल लेकर उन्हें तीन पग भूमि देने का संकल्प किया।

बलि द्वारा संकल्प करते ही वहाँ एक अद्‌भुत घटना घटी। भगवान् वामन ने अपने शरीर को इतना विशालकाय कर लिया कि तीनों लोक, दसों दिशाएँ, देवता, मनुष्य, ऋषि, मुनि, पशु-पक्षी—सभी उन्हीं में समा गए। भगवान् का विराट् स्वरूप देखकर ऋषि, मुनि और दैत्य आश्चर्यचकित रह गए।

भगवान् वामन ने अपने विराट् शरीर से आकाश और भुजाओं की सभी दिशाएँ घेरकर एक पग में सारी पृथ्वी नाप ली। उनका दूसरा पग ऊपर सत्यलोक में पहुँच गया। वहाँ ब्रह्माजी ने अपने कमण्डलु के गंगाजल से उनके चरण-कमलों को धोकर मरीचि आदि ऋषियों के साथ उनकी स्तुति की। इस प्रकार अपने दो पगों में ही भगवान् वामन ने सम्पूर्ण ब्रह्मांड नाप लिया। तीसरा पग रखने के लिए बलि की कोई भी वस्तु नहीं बची। अंत में भगवान् वामन ने बलि को पाताललोक चले जाने की आज्ञा दी। बलि उनकी आज्ञा को शिरोधार्य कर अपने समस्त असुरों को लेकर पाताललोक में चला गया।

इस प्रकार भगवान विष्णु ने वामनावतार लेकर माता अदिति को दिए वरदान को पूर्ण किया, इन्द्र को उनका राज वापस दिलवाया तथा पृथ्वी को असुरों से मुक्त करवाया।

•••

9

नृसिंह अवतार

भगवान् विष्णु ने वराह अवतार धारण कर हिरण्याक्ष का वध किया था। उसका एक भाई था—हिरण्यकशिपु। भाई की मृत्यु से दुःखी हिरण्यकशिपु प्रतिशोध की अग्नि में जल रहा था। एक दिन उसने सैनिकों को आज्ञा दी कि जो ऋषि-मुनि तप, यज्ञ, हवन और व्रत आदि कर रहे हैं, उन्हें मौत के घाट उतार दो। उनके आश्रमों को जलाकर राख कर दो।"

स्वामी की आज्ञानुसार दैत्यों ने घोर अत्याचार आरम्भ कर दिए। उन्हें जहाँ भी ऋषि-मुनि यज्ञ, हवन या तप करते दिखाई देते, वे उनके मस्तक काट डालते। इस प्रकार उन्होंने अनेक आश्रमों में मौत का भयंकर तांडव खेला। पृथ्वी से धर्म-कर्म समाप्त हो गया।

हिरण्याक्ष की मृत्यु से क्षुब्ध हिरण्यकशिपु ने देवताओं पर आक्रमण करने का निश्चय किया। दैत्यगुरु शुक्राचार्य ने उसे देवताओं पर आक्रमण करने से पूर्व ब्रह्माजी से वरदान प्राप्त करने का परामर्श दिया। हिरण्यकशिपु मंदराचल पर कठोर तप करने लगा। अनेक वर्षों तक तप करने के कारण उसके शरीर से दिव्य अग्नि की लपटें निकलकर ब्रह्मांड को जलाने लगीं। चारों ओर भीषण हाहाकार मच गया। अंत में उसके तप से प्रसन्न होकर ब्रह्माजी प्रकट हुए और वर माँगने को कहा।

हिरण्यकशिपु बोला—"प्रभु! मुझे यह वर दीजिए कि मनुष्य, देवता, गंधर्व, नाग आदि किसी भी प्राणी द्वारा मेरी मृत्यु न हो। मेरी मृत्यु न दिन में हो और न रात में, न आकाश में हो न पृथ्वी पर, न अस्त्र से हो और न शस्त्र से, न घर के अंदर हो न घर के बाहर।" ब्रह्माजी ने उसे इच्छित वर दे दिया।

हिरण्यकशिपु का विवाह नाग कन्या कयाधु से हुआ था। जब वह मंदराचल पर तप कर रहा था, तब देवताओं ने दैत्यों पर आक्रमण कर दिया। भीषण युद्ध छिड़ गया, लेकिन हिरण्यकशिपु की अनुपस्थिति के कारण दैत्य पराजित हो गए और प्राण बचाकर भाग गए। विजयश्री के मद में चूर होकर इन्द्र ने हिरण्यकशिपु की पत्नी कयाधु को बंदी बना लिया और उसे साथ लेकर स्वर्ग की ओर चल पड़े। मार्ग में नारदजी ने उन्हें समझा-बुझाकर कयाधु को मुक्त करवा दिया और उसे साथ लेकर अपने आश्रम में आ गए। वहाँ रहते हुए कयाधु पुत्री के समान नारदजी की सेवा करने लगी।

इस दौरान नारदजी ने कयाधु को धर्म के रहस्य और ज्ञान का उपदेश दिया, जिसे गर्भस्थ शिशु ने भी भली-भाँति आत्मसात् कर लिया। कुछ दिनों बाद कयाधु ने एक दिव्य पुत्र को जन्म दिया। नारदजी ने उसका नाम प्रह्लाद रखा। उधर, हिरण्यकशिपु ब्रह्माजी से वरदान प्राप्त कर लौटा तो उसे सारी बात ज्ञात हुई। वह उसी क्षण नारदजी के आश्रम

में जाकर अपनी पत्नी कयाधु और पुत्र प्रह्लाद को वापस ले आया।

कुछ दिनों के बाद हिरण्यकशिपु ने देवताओं पर आक्रमण कर तीनों लोकों पर अधिकार कर लिया। स्वर्ग के सिंहासन पर आसीन होकर उसने पृथ्वी पर होने वाले यज्ञों का भाग स्वयं ही ग्रहण करना आरम्भ कर दिया। इससे उसके बल में और भी वृद्धि होती गई। ऐश्वर्य और सुखों के मद में चूर होकर वह वेदों और शास्त्रों का उल्लंघन करने लगा। इसी प्रकार अनेक वर्ष बीत गए।

जब हिरण्यकशिपु के अत्याचार बढ़ते गए तो ऋषि-मुनि और देवगण भगवान् विष्णु के स्वरूप का ध्यान कर घोर तपस्या करने लगे। निराहार रहकर वे अनेक वर्षों तक समाधि में लीन रहे। उनकी भक्ति से प्रसन्न होकर भगवान् विष्णु साक्षात् प्रकट होकर बोले—"भय का त्याग करो, पुत्रो! मेरे दर्शनमात्र से प्राणियों को परम कल्याण की प्राप्ति हो जाती है। हिरण्यकशिपु की दुष्टता का मुझे ज्ञान है। पूर्वजन्म में हिरण्यकशिपु और हिरण्याक्ष—जय और विजय नामक मेरे धाम वैकुंठ के द्वारपाल थे। एक बार इन्होंने अज्ञानवश सनकादि मुनिगण का अपमान कर दिया। उन्होंने क्रुद्ध होकर इन्हें दैत्य योनि में उत्पन्न होने का शाप दे दिया था। तब मैंने ही इनका उद्धार करने का वचन दिया था। वराह अवतार लेकर मैं पहले ही हिरण्याक्ष का उद्धार कर चुका हूँ, अब मैं इसका संहार करके इसको भी इस योनि से मुक्त करूँगा। किंतु तुम कुछ दिन और प्रतीक्षा करो। जब वह अपने तपस्वी पुत्र प्रह्लाद का वध करने के लिए उद्यत होगा, उस समय मैं अवतार धारण कर उस दुष्ट का वध करूँगा।"

हिरण्यकशिपु का अंत अब निकट ही है, यह जानकर देवता बड़े प्रसन्न हुए और भगवान् विष्णु की स्तुति करने के बाद अपने-अपने स्थानों को लौट गए।

हिरण्यकशिपु के चार पुत्र थे। उनमें प्रह्लाद सबसे छोटा था, किंतु गुणों में वह सबसे श्रेष्ठ था। वह धर्मात्मा, सदाचारी, सत्यप्रतिज्ञ, जितेन्द्रिय और विष्णु भक्त था। वह सभी प्राणियों को भगवान् का अंश समझता था और उनके साथ समानता का व्यवहार करता था। उसका मन सदा श्रीहरि की भक्ति में लीन रहता था। जब उसके अन्य भाई खेलते

थे तो वह समाधि में बैठकर श्रीविष्णु के स्वरूप का चिंतन करता था।

पिता हिरण्यकशिपु ने प्रह्लाद को बहुत समझाया और विष्णु भक्ति से विरक्त करने का प्रयास किया, किंतु वह सफल नहीं हुआ।

अंत में वह क्रुद्ध होकर बोला—"दुष्ट! जिसने तेरे चाचा को मार डाला, तू उसी विष्णु के गुण गा रहा है। तूने मायावी विष्णु के लिए माता-पिता के स्नेह को भी भुला दिया। अवश्य तू बालक रूप में विष्णु है, हमारा संहार करने के लिए तूने दैत्य वंश में जन्म लिया है। यदि कोई अंग शरीर को हानि पहुँचा रहा हो तो उसे काट डालना चाहिए, क्योंकि उसके न रहने से शरीर तो सुख से जी सकता है। तू भी ऐसे ही विष-अंग के समान है। सैनिकों! इसे मेरी दृष्टि से दूर ले जाकर समाप्त कर दो। इसका जीवन दैत्यवंश के लिए खतरनाक है।"

आदेश पाते ही सैनिक प्रह्लाद को वहाँ से ले गए और कारागार में डाल दिया। तदंतर भयानक मुख और विशाल शरीर वाले दैत्य हाथों में त्रिशूल लेकर उस पर प्रहार करने लगे। चूँकि वह समाधिलीन होकर भगवान् का स्मरण कर रहा था, इसलिए उनकी कृपा से उसके शरीर पर त्रिशूलों का कोई असर नहीं हुआ।

जब राक्षसराज हिरण्यकशिपु को यह बात ज्ञात हुई तो वह प्रह्लाद को मार डालने के लिए भाँति-भाँति के उपाय करने लगा। उसे हाथियों के पाँव तले कुचलवाया, सर्पों से डसवाया, पहाड़ की चोटी से गिराया, समुद्र में डुबोया, भोजन बंद कर दिया, अग्नि में जलाने का प्रयास किया—किंतु उसका बाल भी बाँका न हुआ। जब उसके सभी उपाय समाप्त हो गए तो अपनी विवशता देखकर उसे बड़ी चिंता होने लगी। अब उसे विश्वास हो गया कि प्रह्लाद वास्तव में विष्णु का ही अंश है और दैत्यों का सर्वनाश करने के लिए ही उसने कयाधु के गर्भ से जन्म लिया है।

अंत में उसने स्वयं प्रह्लाद का वध करने का निश्चय किया और तलवार लेकर उसकी ओर बढ़ा। लेकिन जैसे ही प्रह्लाद को मारने के लिए उसने तलवार उठाई, वैसे ही भीषण गर्जन करते भगवान् विष्णु खम्भा तोड़कर बाहर निकल आए। उस समय उनका मस्तक सिंह का और शरीर मनुष्य का था, इसलिए वे भगवान् नृसिंह कहलाए।

भगवान् नृसिंह का रूप बड़ा विकराल था। हिरण्यकशिपु जैसा महापराक्रमी दैत्य भी उनका स्वरूप देखकर भयभीत हो गया। किंतु अगले ही पल वह संभला और दोनों में घनघोर महायुद्ध आरंभ हो गया। अंततः भगवान् नृसिंह ने द्वार के बीच में बैठकर हिरण्यकशिपु को गोद में लिटा लिया। फिर अपने तीखे नखों से उसका पेट चीर दिया। भगवान् नृसिंह स्वयं ही अवतरित हुए थे, उस समय न दिन था और न रात अर्थात् वह संध्या का समय था, वे न तो घर के अंदर थे और न बाहर, हिरण्यकशिपु का शरीर न तो आकाश में था और न ही पृथ्वी पर। इस प्रकार नृसिंह भगवान् ने ब्रह्माजी के वर के अनुसार हिरण्यकशिपु का वध कर दिया। देवगण उन पर पुष्प-वर्षा करने लगे। तब प्रह्लाद भगवान् नृसिंह के श्रीचरणों में बैठ गया और विभिन्न प्रकार से उनकी स्तुति करने लगा।

उसकी स्तुति से प्रसन्न होकर भगवान् नृसिंह ने उसे सम्पूर्ण पृथ्वी का राज्य और मृत्यु के बाद वैकुंठ लोक में स्थान प्रदान किया। इस प्रकार विष्णु-भक्ति से प्रह्लाद जीवन-मृत्यु के चक्र से मुक्त हो गया।

•••

10

दान

यह कथा महर्षि लोमश की है जिन्होंने राजा इन्द्रद्युम्न को मोक्ष का मार्ग बताकर उन्हें मोक्ष प्राप्त करवाया था।

बहुत समय पहले पृथ्वी पर इन्द्रद्युम्न नामक एक राजा राज्य करते थे। वे बड़े धार्मिक और दानी थे। वे प्रजासहित एकादशी का व्रत करते थे। द्वार पर आने वाले किसी भी भिक्षुक या याचक को खाली हाथ नहीं जाने देते थे। अनंत पुण्य कर्मों के कारण ही वे सशरीर ब्रह्मलोक को प्राप्त हुए और वहीं निवास करने लगे।

सौ कल्प बीतने के बाद एक दिन ब्रह्माजी ने उनसे कहा—"राजन! स्वर्ग की प्राप्ति करने के लिए पुण्य ही सबकुछ नहीं हैं बल्कि इसके लिए निष्कंलक कार्य और उसकी कीर्ति भी आवश्यक है। आप इतने समय से यहाँ है, आपने जो यश प्राप्त किया था वह प्रतिपल क्षीण होता

जा रहा है। राजन! यदि आप चाहते हैं कि आपका यश जैसा का तैसा बने रहे; साथ ही इसमें और वृद्धि हो तो इसके लिए आपको भूलोक पर जाकर उत्तम कार्य करने चाहिएँ।"

ब्रह्माजी के परामर्श से इन्द्रद्युम्न उसी समय भूलोक की ओर चल पड़े।

पृथ्वी पर पहुँचकर उन्होंने अपने नगर काम्पिल्य की ओर प्रस्थान किया। वहाँ पहुँचने पर उन्होंने सोचा—"अपने राज्यकाल में मैंने प्रजा के लिए अनेक कार्य किए। उनकी सुख-सुविधाओं का पूरा ध्यान रखा। स्वर्ग में भी मुझे उनकी याद रही। मुझे विश्वास है कि प्रजाजन ने भी मुझे और मेरे द्वारा किए गए महान कार्यों को अवश्य याद रखा होगा। इसलिए पहले प्रजाजन से ही स्वयं के बारे में पूछता हूँ।"

यह सोचकर वे वहाँ के निवासियों से स्वयं के बारे में पूछने लगे। किंतु वहाँ के लोगों ने उनके बारे में अनभिज्ञता प्रकट की। एक व्यक्ति ने परामर्श दिया कि 'वे किसी ऐसे व्यक्ति से जानकारी लें जो चिरायु हो अथवा नैमिषारण्य में मार्कण्डेय मुनि से मिलें। वे मुनि सप्तकल्पों से पृथ्वी लोक पर हैं।'

इन्द्रद्युम्न ने वैसा ही किया। वे नैमिषारण्य पहुँचे और मुनि को प्रणाम कर जिज्ञासा प्रकट की। मार्कण्डेय मुनि ने भी अनभिज्ञता प्रकट करते हुए कहा—"आज तक मैंने किसी ऐसे राजा के बारे में नहीं सुना है। सम्भवतः मेरा मित्र नाड़ीजंघ (बगुला) उनके विषय में जानता हो; उनसे पता किया जा सकता है।"

वे नाड़ीजंघ के पास पहुंचे। उसने भी इन्द्रधुम्न के बारे में अनभिज्ञता प्रकट की। अन्त में पूछते-पूछते वे मानसरोवर में रहने वाले मंथर नामक कच्छप के पास पहुँचे। मंथर इन्द्रद्युम्न को देखकर तुरंत पहचान गया और बोला—"राजन! आपने जो यज्ञ किए थे उनसे पृथ्वी इतनी ऊष्ण हो गयी थी कि मेरी पीठ झुलस गई। इसलिए मैं आपसे बहुत भय खाता हूँ।"

इन्द्रद्युम्न ने अपने यश को तो सिद्ध कर दिया किंतु पुनः मोक्ष साधना कर स्वर्ग जाने का मार्ग पूछा तो मंथर ने उन्हें महर्षि लोमश के पास चलने के लिए कहा।

वे सभी महर्षि लोमश के समक्ष उपस्थिति हुए और इन्द्रधुम्न ने उनसे कुछ प्रश्न करने की अनुमति माँगी। आज्ञा मिलने पर इन्द्रद्युम्न बोले—"मुनिश्रेष्ठ! मैं सबसे पहले आपसे यह पूछना चाहता हूँ कि

शीत, ग्रीष्म, वर्षा आदि से बचने के लिए आप अपनी मुट्ठी में तृण रखते हैं, कुटिया क्यों नहीं बनाते?"

लोमश बोले—"राजन! यह शरीर नश्वर है, इसलिए जब यह शरीर ही नष्ट हो जाएगा तो मैं कुटिया क्यों बनाऊँ? जीवन, धन, वैभव—सभी कुछ यहीं रह जाना है। अतः इस स्थिति में सर्वोत्तम कुटिया है—'दान'। जिससे आपका यश हमेशा बढ़ता रहता है।"

इन्द्रद्युम्न पुनः प्रश्न करते हुए बोले—"मुनिवर! यह बताइए कि आपकी जो आयु है वह तपस्या के बल पर प्राप्त हुई है या आपने जो दान कर्म किए हैं, उनके बदले में?"

महर्षि लोमश बोले—"राजन! इसके लिए मैं तुम्हें अपने पूर्व जन्म की कथा सुनाता हूँ। पूर्व जन्म में मैं एक दरिद्र व्यक्ति था। एक दिन दोपहर के समय मैं भूख से व्याकुल भोजन की तलाश में इधर-उधर विचर रहा था। मैं एक सरोवर के निकट पहुँचा। सरोवर में मुझे एक विशाल शिवलिंग दिखाई दिया। मुझे उस समय बहुत भूख लग रही थी, किंतु मैंने स्नान कर शिवलिंग पर फूल चढ़ाए और पूजा-उपासना कर आगे बढ़ गया। भूख की अधिकता के कारण चलते-चलते मैं मृत्यु को प्राप्त हो गया। अगले जन्म में मैंने एक ब्राह्मण के घर जन्म लिया। मैंने पूर्व जन्म में शिवलिंग की पूजा-अर्चना की थी। उसके प्रताप से मुझे पूर्व जन्म की बातों का स्मरण था। अतः मैं संसार की माया से अनभिज्ञ बनकर मूक हो गया। ऐसे जैसे मुझे कुछ भी नहीं आता हो, मैं गूँगा हूँ। कुछ वर्षों के बाद मेरे पिता का स्वर्गवास हो गया। अब मैं अपने संबंधियों की आँखों में खटकने लगा और उन्होंने मुझे त्याग दिया। मैं वहाँ से चला गया और वन में जाकर भगवान् शिव की आराधना करने लगा। सौ वर्ष बीत गए। अंत में मेरी तपस्या से प्रसन्न होकर महादेव ने मुझे प्रत्यक्ष दर्शन देकर दीर्घायु का वरदान दिया। इस प्रकार मुझे यह आयु मिली।"

इन्द्रद्युम्न प्रसन्न होकर बोले—"मुनिश्रेष्ठ! अब मुझे कुछ नहीं पूछना। कच्छप एवं आप से शिव-दीक्षा प्राप्त कर मैं धन्य हुआ। अब मैं तपस्या करके ही मोक्ष प्राप्त करूंगा।"

ऋषि से आज्ञा लेकर राजा इन्द्रद्युम्न ने कठोर तप किया और मोक्ष को प्राप्त किया। •••

11

मकरध्वज

पवनपुत्र हनुमान बाल-ब्रह्मचारी थे। लेकिन मकरध्वज को उनका पुत्र कहा जाता है। यह कथा उसी मकरध्वज की है।

वाल्मीकि रामायण के अनुसार, लंका जलाते समय आग की तपिश के कारण हनुमानजी को बहुत पसीना आ रहा था। इसलिए लंका दहन के बाद जब उन्होंने अपनी पूँछ में लगी आग को बुझाने के लिए समुद्र में छलाँग लगाई तो उनके शरीर से पसीने की एक बड़ी-सी बूंद समुद्र में गिरी पड़ी। उस समय एक बड़ी मछली ने भोजन समझ वह बूँद निगल ली। उसके उदर में जाकर वह बूँद एक शरीर में बदल गई।

एक दिन पाताल के असुरराज अहिरावण के सेवकों ने उस मछली को पकड़ लिया। जब वे उसका पेट चीर रहे थे तो उसमें से वानर की आकृति का एक मनुष्य निकला। वे उसे अहिरावण के पास ले गए। अहिरावण ने उसे पाताल पुरी का रक्षक नियुक्त कर दिया। यही वानर हनुमान पुत्र 'मकरध्वज' के नाम से प्रसिद्ध हुआ।

जब राम-रावण युद्ध हो रहा था, तब रावण की आज्ञानुसार अहिरावण राम-लक्ष्मण का अपहरण कर उन्हें पाताल पुरी ले गया। उनके अपहरण से वानर सेना भयभीत व शोकाकुल हो गयी। लेकिन विभीषण ने यह भेद हनुमान के समक्ष प्रकट कर दिया। तब राम-लक्ष्मण की सहायता के लिए हनुमानजी पाताल पुरी पहुँचे।

जब उन्होंने पाताल के द्वार पर एक वानर को देखा तो वे आश्चर्यचकित हो गए। उन्होंने मकरध्वज से उसका परिचय पूछा। मकरध्वज अपना परिचय देता हुआ बोला—"मैं हनुमान पुत्र मकरध्वज हूँ और पातालपुरी का द्वारपाल हूँ।"

मकरध्वज की बात सुनकर हनुमान क्रोधित होकर बोले—"यह तुम क्या कह रहे हो? दुष्ट! मैं बाल ब्रह्मचारी हूँ। फिर भला तुम मेरे पुत्र कैसे हो सकते हो?"

हनुमान का परिचय पाते ही मकरध्वज उनके चरणों में गिर गया और उन्हें प्रणाम कर अपनी उत्पत्ति की कथा सुनाई। हनुमानजी ने भी मान लिया कि वह उनका ही पुत्र है। लेकिन यह कहकर कि वे अभी अपने श्रीराम और लक्ष्मण को लेने आए हैं, जैसे ही हनुमानजी द्वार की ओर बढ़े वैसे ही मकरध्वज उनका मार्ग रोकते हुए बोला—"पिताश्री! यह सत्य है कि मैं आपका पुत्र हूँ लेकिन अभी मैं अपने स्वामी की सेवा में हूँ। इसलिए आप अन्दर नहीं जा सकते।"

हनुमान ने मकरध्वज को अनेक प्रकार से समझाने का प्रयास किया, किंतु वह द्वार से नहीं हटा। तब दोनों में घोर युद्ध शुरू हो गया। देखते-ही-देखते हनुमानजी उसे अपनी पूँछ में बाँधकर पाताल में प्रवेश कर गए।

हनुमान सीधे देवी मंदिर में पहुँचे जहाँ अहिरावण राम-लक्ष्मण की बलि देने वाला था। हनुमानजी को देखकर चामुंडा देवी पाताल लोक से

प्रस्थान कर गईं। तब हनुमानजी देवी-रूप धारण करके वहाँ स्थापित हो गए।

कुछ देर के बाद अहिरावण वहाँ आया और पूजा अर्चना करके जैसे ही उसने राम-लक्ष्मण की बलि देने के लिए तलवार उठाई, वैसे ही भयंकर गर्जन करते हुए हनुमानजी प्रकट हो गए और उसी तलवार से अहिरावण का वध कर दिया।

उन्होंने राम-लक्ष्मण को बंधन मुक्त किया। तब श्रीराम ने पूछा— "हनुमान! तुम्हारी पूँछ में यह कौन बँधा है? बिल्कुल तुम्हारे समान ही लग रहा है। इसे खोल दो।" हनुमान ने मकरध्वज का परिचय देकर उसे बंधन मुक्त कर दिया।

मकरध्वज ने श्रीराम के समक्ष सिर झुका दिया। तब श्रीराम ने मकरध्वज का राज्याभिषेक कर उसे पाताल का राजा घोषित कर दिया और कहा कि भविष्य में वह अपने पिता के समान दूसरों की सेवा करे।

यह सुनकर मकरध्वज ने तीनों को प्रणाम किया। तीनों उसे आशीर्वाद देकर वहाँ से प्रस्थान कर गए।

इस प्रकार मकरध्वज हनुमान पुत्र कहलाए।

•••

12

राम से बड़ा नाम

एक बार अयोध्या में श्रीराम का दरबार लगा हुआ था। कुलगुरु वसिष्ठ, देवर्षि नारद, महर्षि विश्वामित्र से लेकर अनेक राजा-महाराजा अपने-अपने आसनों पर विराजमान थे।

तभी राजा पौरु वहाँ आए। उन्होंने सभी को प्रणाम किया किंतु महर्षि विश्वामित्र को प्रणाम करना भूल गए। यह देखकर विश्वामित्र क्रोध से भर गए और श्रीराम से बोले—"राजन! तुमने मुझे अपमानित करने के लिए यहाँ बुलवाया था? राजा पौरु ने मेरा अपमान किया है। यदि कल संध्या तक तुमने इसका कटा सिर मेरे चरणों में अर्पित नहीं किया तो संपूर्ण अवधपुरी मेरे क्रोध की ज्वाला से भस्म हो जायेगी।"

यह सुनकर सभी भय से अचंभित रह गए। पौरु भी भयभीत हो गए। विश्वामित्र के क्रोध के समक्ष श्रीराम को शपथ लेनी पड़ी कि कल

संध्या तक राजा पौरु का मस्तक उनके चरणों में होगा।

यह सुनते ही पौरु भय से काँपने लगे और देवर्षि नारद से बचने का उपाय पूछा। नारदजी ने उन्हें हनुमानजी की शरण में जाने के लिए कहा। पौरु तुरंत हनुमान के पास पहुँचे और सारी घटना सुनाकर रक्षा की प्रार्थना करने लगे। तब हनुमानजी ने 'जय श्रीराम' का उद्घोष किया।

सूर्योदय होने पर श्रीराम सूर्यरथ पर सवार होकर राजा पौरु का मस्तक काटने के लिए चल पड़े। हनुमान ने श्रीराम का नाम लेकर राजा पौरु को अपने कन्धे पर बिठा लिया। जब पौरु ने श्रीराम को आते देखा तो घबराते हुए हनुमानजी को बताया। हनुमानजी ने उन्हें 'सीताराम' जपने के लिए कहा। सीताराम जपते ही उनके चारों ओर सीताराम नाम का एक दिव्य चक्र बन गया।

इधर पौरु को देख श्रीराम ने वह बाण छोड़ा जिससे उन्होंने खर-दूषण को मारा था। किंतु वह बाण सीताराम के चक्र को छूकर वापस लौट गया। तब श्रीराम ने वह बाण चलाया जिससे उन्होंने कुंभकर्ण को मारा था। इससे चारों और बिजली कौंध गई। लेकिन इससे पहले कि वह बाण पौरु तक पहुँचता, हनुमान ने पौरु को 'श्रीराम, जय राम, जय-जय राम'' उच्चारित करने को कहा। इससे उनके चारों ओर दूसरा रक्षा कवच बन गया। वह बाण भी चक्र को छूकर वापस लौट गया। श्रीराम से सफलता दूर होती जा रही थी। अंततः उन्होंने वह बाण निकाला जिससे उन्होंने रावण का वध किया था। बाण चलाते ही चारों ओर उथल-पुथल मच गई, मेघ भयंकर गर्जन करने लगे; पृथ्वी डोल गई। किंतु हनुमानजी ने पौरु को महामंत्र ''रघुपति राघव राजा राम, पतित पावन सीताराम'' जपने को कहा। इससे उनके चारों ओर तीसरा चक्र बन गया और वह बाण भी उस चक्र को छूकर लौट गया।

श्रीराम अचंभित थे। उनके साथ विश्वामित्र और नारदजी भी सबकुछ देख रहे थे। श्रीराम को विफल देखकर विश्वामित्र ने स्वयं कुछ करने का निर्णय लिया और धनुष पर बाण चढ़ा लिया। लेकिन वे बाण छोड़ते, इससे पहले ही नारद मुनि ने राजा पौरु को उनके चरणों में भेज दिया। यह देख विश्वामित्र का क्रोध शान्त हो गया।

भगवान् श्रीराम के नाम मात्र से वह कार्य सम्पन्न हो गया जिसके बारे में राजा पौरु ने सोचा तक नहीं था। इसलिए कहा गया है कि मानव जीवन के उद्धार के लिए श्रीराम नाम ही पर्याप्त है। •••

13

च्यवनप्राश

यह कथा च्यवन ऋषि की है जिन्होंने एक औषधि का सेवन करके यौवनावस्था प्राप्त की। वह औषधि च्यवन ऋषि के नाम पर च्यवनप्राश कहलाई।

बहुत समय पहले पृथ्वी पर राजा शर्याति राज्य करते थे। शर्याति एक न्यायप्रिय और प्रजा पालक राजा थे।

एक बार की बात है, राजा शर्याति अपने पुत्र-पुत्रियाँ के साथ वन में भ्रमण कर रहे थे। चलते-चलते वे एक सरोवर के निकट पहुँचे।

सरोवर की सुंदरता देखकर वे वहाँ विश्राम के लिए रुक गए। उनके पुत्र-पुत्रियाँ घूमते हुए दूर निकल गए। शर्याति की सुकन्या नामक एक पुत्री थी। वह अपनी सखियों के साथ टहल रही थी। अचानक उसकी दृष्टि मिट्टी के एक ऊँचे टीले पर पड़ी, जहाँ दो चमकदार वस्तुएँ नज़र आ रही थीं। उसने पास जाकर देखा लेकिन उस चमक का अर्थ नहीं समझ सकी। फिर पास से एक सूखी लकड़ी उठाकर वह जिज्ञासावश उन चमकदार छिद्रों को खोदने लगी। तभी उन छिद्रों में से रक्त बहने लगा। यह देखकर सभी के हाथ पाँव फूल गए। सुकन्या दौडी-दौड़ी पिता के पास पहुँची और उन्हें सारा वृत्तान्त सुनाया।

शर्याति शीघ्रता से उस स्थान पहुँचे। वहाँ पहुँचकर वे बहुत दुःखी हुए और सुकन्या से बोले—"पुत्री! ये च्यवन ऋषि हैं और जिन्हें तुमने मणि समझकर फोड़ दिया, वे उनके नेत्र थे। ये अनेक वर्षों से तपस्या में लीन हैं। वर्षा-तूफान आदि के कारण इनके चारों ओर मिट्टी का ढेर एकत्रित हो गया और वे उसमें ढक गए।"

यह सुनकर सुकन्या की आँखों से आँसू निकलने लगे। वह बोली—"पिताश्री! मैं अपने अपराध का प्रायश्चित करूँगी। मैं उनकी आँखें वापस नहीं कर सकती लेकिन उनसे विवाह करके उनके नेत्र तो बन सकती हूँ। यही न्यायसंगत भी होगा। इस प्रकार मुनि की सेवा करने से मेरा प्रायश्चित पूरा हो जाएगा।"

राजा ने सुकन्या को अनेक प्रकार से समझाया कि वह अभी युवा है और च्यवन ऋषि वृद्ध, लेकिन उसके हठ के आगे वे विवश हो गए और उन्होंने उसका विवाह च्यवन ऋषि से कर दिया।

जब देवताओं ने सुकन्या के त्याग को देखा तो प्रसन्न होकर उन्होंने महर्षि च्यवन को एक औषधि प्रदान की, जिसके सेवन से वे पुनः युवा हो गए और उनके नेत्र भी पूर्ववत हो गए। तत्पश्चात् महर्षि च्यवन सुकन्या के साथ सुखपूर्वक रहने लगे। तभी से वह औषधि च्यवनप्राश कहलाने लगी।

•••

14

कर्म किए जा

एक बार की बात है, भगवान् और देवराज इन्द्र में इस बात पर बहस छिड़ गई कि दोनों में से श्रेष्ठ कौन हैं? उनका विवाद बढ़ गया तब इन्द्र ने यह सोचकर वर्षा करनी बंद कर दी कि यदि वे बारह वर्षों तक पृथ्वी पर वर्षा नहीं करेंगे तो भगवान् पृथ्वीवासियों को कैसे जीवित रख पाएँगे। इन्द्र की आज्ञा से मेघों ने जल बरसाना बंद कर दिया।

किंतु किसानों ने सोचा कि यदि यह लड़ाई बारह वर्षों तक चलती रही तो वे अपना कर्म ही भूल बैठेंगे। उनके पुत्र भी सबकुछ भूल जाएँगे। अत: उन्हें अपना कर्म करते रहना चाहिए।' यह सोचकर उन्होंने कृषि कार्य शुरू कर दिया। वे अपने-अपने खेत जोतने लगे।

तभी मिट्टी के नीचे छिपा एक मेढ़क बाहर आया और किसानों को खेती करते देख आश्चर्यचकित होकर बोला—"इन्द्रदेव और भगवान् में श्रेष्ठता की लड़ाई छिड़ी हुई है। इसी कारण इन्द्रदेव ने बारह वर्षों तक पृथ्वी पर वर्षा न करने का निश्चय किया है। फिर भी आप लोग खेत जोत रहे हैं ! यदि वर्षा ही न हुई तो खेत जोतने का क्या लाभ?"

किसान बोले—"मेढ़क भाई! यदि उनकी लड़ाई वर्षों तक चलती रही तो हम अपना कर्म ही भूल जाएँगे। इसलिए हमें अपना कर्म तो करते ही रहना चाहिए।"

मेढ़क ने सोचा—'मैं भी टर्राता हूँ, नहीं तो मैं भी टर्राना भूल जाऊँगा।' तब वह भी टर्राने लगा।

उसने टर्राना शुरू किया तो मोर ने भी इन्द्र एवं भगवान् के मध्य लड़ाई की बात कही। मेढ़क बोला—"मोर भाई! हमें तो अपना कर्म करते ही रहना चाहिए, चाहे दूसरे अपने कार्य भूल जाएँ। क्योंकि यदि हम अपने कर्म भूल जाएँगे तो आने वाली पीढ़ी को कैसे मालूम होगा कि उन्हें क्या कर्म करने हैं। अत: सबको अपना कर्म करने चाहिएँ। फल क्या और कब मिलता है, यह ईश्वर पर छोड़ देना चाहिए।" मेढ़क की बात सुनकर मोर भी पिहू-पिहू बोलने लगा।

देवराज इन्द्र ने जब देखा कि सभी प्राणी अपने-अपने कार्य में लगे हैं तो उन्होंने सोचा कि 'शायद इन्हें ज्ञात नहीं है कि मैं बारह वर्षों तक नहीं बरसूँगा। इसलिए ये अपने कर्म कर रहे हैं। मुझे जाकर इन्हें सत्य बताना चाहिए।'

यह सोचकर वे पृथ्वी पर आए और किसानों से बोले—"ये क्या कर रहे हो? क्या तुम्हें मालूम नहीं है कि बारह वर्षों तक वर्षा नहीं होगी? तुम बेकार में मेहनत क्यों कर रहे हो?"

किसान बोले—"भगवन्! हमारा कर्म ही ईश्वर है। आप अपना कार्य करें अथवा न करें, हमें तो अपना कर्म करते ही रहना है।"

इस प्रकार सभी ने कर्म की महत्ता बताते हुए कहा कि यदि वे अपना-अपना कर्म छोड़ देंगे तो आने वाली पीढ़ी को उनके कर्म कौन बताएगा?

इन्द्र की आँखें खुल गईं। उन्होंने सोचा कि यदि वे भी अपना कर्म नहीं करेंगे तो संसार उन्हें जो आदर और सम्मान देता है, वह उनसे छिन जाएगा। लोग उन्हें भूल जाएँगे।

इस प्रकार उन्हें अपनी गलती समझ में आ गई। अब वे भी कार्य की महत्ता समझ गए। उन्होंने भगवान से क्षमा माँगी और अपने कार्य में जुट गए। उनके आदेश से मेघों ने घनघोर वर्षा प्रारम्भ कर दी। किसान खुशी से झूम उठे; मोर नाचने लगे और मेढ़क टर्राने लगे।

•••

15

अहंकार का नाश

यह कथा उस समय की है जब लंका जाने के लिए भगवान् श्रीराम ने सेतु निर्माण के पूर्व समुद्र तट पर शिवलिंग स्थापित किया था। वहाँ हनुमानजी को स्वयं पर अभिमान हो गया तब भगवान् राम ने उनके अहम का नाश किया। यह कथा इस प्रकार है—

जब समुद्र पर सेतुबंधन का कार्य हो रहा था तब भगवान् राम ने वहाँ गणेशजी और नौ ग्रहों की स्थापना के पश्चात् शिवलिंग स्थापित

करने का विचार किया। उन्होंने शुभ मुहूर्त में शिवलिंग लाने के लिए हनुमानजी को काशी भेजा।

हनुमानजी पवन वेग से काशी जा पहुँचे। उन्हें देख भोलेनाथ बोले—"पवनपुत्र! दक्षिण में शिवलिंग की स्थापना करके भगवान् राम मेरी ही इच्छा पूर्ण कर रहे हैं क्योंकि महर्षि अगस्त्य विन्ध्याचल पर्वत को झुकाकर वहाँ प्रस्थान तो कर गए लेकिन वे मेरी प्रतीक्षा में हैं। इसलिए मुझे भी वहाँ जाना था। तुम शीघ्र ही मेरे प्रतीक को वहाँ ले जाओ।"

यह बात सुनकर हनुमान गर्व से फूल गए और सोचने लगे कि केवल वे ही यह कार्य शीघ्र-अतिशीघ्र कर सकते हैं।

यहाँ हनुमानजी को अभिमान हुआ और वहाँ भगवान् राम ने उनके मन के भाव को जान लिया। भक्त के कल्याण के लिए भगवान् सदैव तत्पर रहते हैं। हनुमान भी अहंकार के पाश में बंध गए थे। अतः भगवान् राम ने उन पर कृपा करने का निश्चय कर उसी समय वानरराज सुग्रीव को बुलवाया और कहा—"हे कपिश्रेष्ठ! शुभ मुहूर्त समाप्त होने वाला है और अभी तक हनुमान नहीं पहुँचे। इसलिए मैं बालू का शिवलिंग बनाकर उसे यहाँ स्थापित कर देता हूँ।"

तत्पश्चात् उन्होंने सभी ऋषि-मुनियों से आज्ञा प्राप्त करके पूजा-अर्चनादि की और बालू का शिवलिंग स्थापित कर दिया। ऋषि-मुनियों को दक्षिणा देने के लिए श्रीराम ने कौस्तुम मणि का स्मरण किया तो वह मणि उनके समक्ष उपस्थित हो गई। भगवान् श्रीराम ने उसे गले में धारण किया। मणि के प्रभाव से देखते-ही-देखते वहाँ दान-दक्षिणा के लिए धन, अन्न, वस्त्र आदि एकत्रित हो गए। उन्होंने ऋषि-मुनियों को भेंटें दीं। फिर ऋषि-मुनि वहाँ से चले गए।

मार्ग में हनुमानजी से उनकी भेंट हुई। हनुमानजी ने पूछा कि वे कहाँ से पधार रहे हैं? उन्होंने सारी घटना बता दी। यह सुनकर हनुमानजी को क्रोध आ गया। वे पलक झपकते ही श्रीराम के समक्ष उपस्थिति हुए और रुष्ट स्वर में बोले—"भगवन्! यदि आपको बालू का ही शिवलिंग स्थापित करना था तो मुझे काशी किसलिए भेजा था? आपने मेरा और मेरे भक्तिभाव का उपहास किया है।"

श्रीराम मुस्कराते हुए बोले—"पवनपुत्र! शुभ मुहूर्त समाप्त हो रहा

था, इसलिए मैंने बालू का शिवलिंग स्थापित कर दिया। मैं तुम्हारा परिश्रम व्यर्थ नहीं जाने दूँगा। मैंने जो शिवलिंग स्थापित किया है तुम उसे उखाड़ दो, मैं तुम्हारे लाए हुए शिवलिंग को यहाँ स्थापित कर देता हूँ।"

हनुमान प्रसन्न होकर बोले—"ठीक है भगवन्! मैं अभी इस शिवलिंग को उखाड़ फेंकता हूँ।"

उन्होंने शिवलिंग को उखाड़ने का प्रयास किया, लेकिन पूरी शक्ति लगाकर भी वे उसे हिला तक न सके। तब उन्होंने उसे अपनी पूंछ से लपेटा और उखाड़ने का प्रयास किया। किंतु वह नहीं उखड़ा। अब हनुमान को स्वयं पर पश्चात्ताप होने लगा। उनका अहंकार चूर हो गया था और वे श्रीराम के चरणों में गिरकर क्षमा माँगने लगे।

इस प्रकार हनुमान के अहम् का नाश हुआ। श्रीराम ने जहाँ बालू का शिवलिंग स्थापित किया था उसके उत्तर दिशा की ओर हनुमान द्वारा लाए शिवलिंग को स्थापित करते हुए कहा कि 'इस शिवलिंग की पूजा-अर्चना करने के बाद मेरे द्वारा स्थापित शिवलिंग की पूजा करने पर ही भक्तजन पुण्य प्राप्त करेंगे।'

यह शिवलिंग आज भी रामेश्वरम् में स्थापित है और भारत का एक प्रसिद्ध तीर्थ है।

•••

16

भक्ति का दान

भगवान् राम इक्ष्वाकु वंश में पैदा हुए थे। उन्हीं के वंश में उनसे पूर्व मांधाता नामक एक प्रतापी राजा हुए। राजा मांधाता के मुचुकुंद नामक एक परम प्रतापी पुत्र थे। वे संपूर्ण पृथ्वी के राजा थे। वे इतने पराक्रमी और बलशाली थे कि इन्द्र भी उनसे सहायता लेने के लिए तैयार रहते थे।

एक बार जब दैत्यों ने देवताओं पर आक्रमण किया तो इन्द्र ने मुचुकुंद से सहायता माँगी। तब उन्होंने देवताओं का नेतृत्व करते हुए दैत्यों से युद्ध किया और उन्हें पराजित करके मार भगाया। इससे प्रसन्न होकर देवराज इन्द्र ने उनसे मनोवांछित वर माँगने के लिए कहा।

मुचुकुंद बोले—"देवेन्द्र! मुझे यहाँ युद्ध करते हुए सात दिन बीत चुके हैं। अब मैं अपने परिवार के पास लौटना चाहता हूँ। कृपया मुझे पृथ्वी पर भेजने की व्यवस्था कर दें।"

इन्द्र बोले—"राजन! यहाँ केवल सात ही दिन हुए हैं, किंतु पृथ्वी के समयानुसार वहाँ पर कई युग बीत चुके हैं। पृथ्वी पर आपका परिवार और राज्य काल का ग्रास बन चुके हैं। अब वहाँ आपका कोई नहीं है। इसलिए आप वर में कुछ और माँग लें।"

इन्द्र की बात सुनकर मुचुकुंद दुःखी होकर बोले—"देवेन्द्र! दैत्यों से युद्ध करते-करते मैं बहुत थक गया हूँ। मैं जी भरकर सोना चाहता हूँ। आप ऐसी व्यवस्था कर दें जिससे कोई मेरी नींद में विघ्न न डाले।"

तब इन्द्र बोले—"राजन! यदि आपकी यही इच्छा है तो ऐसा ही होगा। आप निश्चित होकर विश्राम करें। मैं आपको वरदान देता हूँ कि जो भी आपकी निद्रा में विघ्न डालेगा, आपकी दृष्टि पड़ते ही वह पलभर में भस्म हो जाएगा।"

बाद में मुचुकुंद पृथ्वी पर आकर एक गुफा में सो गए। इस प्रकार उन्हें सोते हुए अनेक युग निकल गए और द्वापर युग आ गया।

द्वापर में वसुदेव की पत्नी देवकी के गर्भ से भगवान् विष्णु ने अवतार लिया। उनका यह अवतार 'श्रीकृष्णावतार' के नाम से प्रसिद्ध हुआ। अनेक लीलाएँ करते हुए श्रीकृष्ण युवा हुए। उन्होंने वकासुर, गजासुर, काकासुर, पूतना, कुवलयपीड़, चाणूर, मुष्ठिक एवं कंस आदि अनेक पापियों का संहार किया। उनका यश तीनों लोकों में फैल गया।

एक बार उनकी कीर्ति सुनकर यमन देश के राजा कालयवन ने मथुरा नगरी पर आक्रमण कर दिया। कालयवन को यह वर प्राप्त था कि उसकी मृत्यु न शस्त्र से हो सकती है और न ही अस्त्र से। श्रीकृष्ण यह बात भली-भाँति जानते थे। उन्हें यह भी ज्ञात था कि कालयवन की मृत्यु मुचुकुंद के द्वारा निश्चित है जो निकट की गुफा में ही सो रहे हैं।

कालयवन को गुफा तक ले जाने के लिए वे उसे चिढ़ाते हुए रणक्षेत्र से भागे।

कालयवन ने सोचा कि कृष्ण डर कर भाग रहे हैं। तब वह भी उनके पीछे भागा। गुफा में पहुँचकर कृष्ण ने अपना पीत वस्त्र सोते हुए मुचुकुंद पर डाल दिया और स्वयं एक ओर छिप गए।

उनके पीछे-पीछे कालयवन भी गुफा में पहुँच गया। वहाँ उसने मुचुकुंद को देखा तो उन्हें श्रीकृष्ण समझकर ज़ोर से लात मारी। इससे मुचुकुंद की निद्रा टूट गई और वे हड़बड़ा कर उठ गए। फिर जैसे ही उन्होंने कालयवन को देखा, वैसे ही वह वहीं जलकर भस्म हो गया। मुचुकुंद ने जब इधर-उधर देखा तो सामने श्रीकृष्ण दिखाई दिए जो मंद-मंद मुस्करा रहे थे। उनके तेज से सारी गुफा प्रकाशित हो रही थी।

मुचुकुंद के पूछने पर उन्होंने अपना परिचय दिया। जब मुचुकुंद ने जाना कि वे भगवान विष्णु हैं तो वे उनकी स्तुति करने लगे। तब श्रीकृष्ण ने उन्हें वरदान माँगने को कहा। मुचुकुंद बोले—"प्रभु! मुझे केवल अपनी भक्ति का दान दीजिए। जिससे मैं आपकी कृपा प्राप्त कर सकूँ।"

श्रीकृष्ण बोले—"राजन! अगले जन्म में आप एक ब्राह्मण के घर जन्म लेंगे। तब आप मेरी अनन्य भक्ति और उपासना करके मुझ में ही विलीन हो जाएँगे।"

इस प्रकार अगले जन्म में मुचुकुंद ने भगवान की सच्ची भक्ति कर अपनी अभिलाषा पूर्ण की और मोक्ष प्राप्त कर उनके स्वरूप में ही विलीन हो गए।

•••

17

अर्जुन की प्रतिज्ञा

यह कथा महाभारत काल की है। जब चक्रव्यूह में फंसे निहत्थे अभिमन्यु को जयद्रथ ने छलपूर्वक मारा था। उस समय अर्जुन ने जयद्रथ को मारने की प्रतिज्ञा की थी। यह कथा इस प्रकार है—

महाभारत का भयंकर युद्ध चल रहा था। लड़ते-लड़ते अर्जुन रणक्षेत्र से दूर चला गया था। अर्जुन की अनुपस्थिति में पाण्डवों को पराजित करने के लिए द्रोणाचार्य ने चक्रव्यूह की रचना की। अर्जुन-पुत्र अभिमन्यु

चक्रव्यूह भेदने के लिए उसमें घुस गया। उसने कुशलतापूर्वक चक्रव्यूह के छः चरण भेद लिए, लेकिन सातवें चरण में उसे दुर्योधन, जयद्रथ आदि सात महारथियों ने घेर लिया और उस पर टूट पड़े। जयद्रथ ने पीछे से निहत्थे अभिमन्यु पर जोरदार प्रहार किया। वह वार इतना तीव्र था कि अभिमन्यु उसे सहन नहीं कर सका और वीरगति को प्राप्त हो गया।

अभिमन्यु की मृत्यु का समाचार सुनकर अर्जुन क्रोध से पागल हो उठा। उसने प्रतिज्ञा की कि यदि अगले दिन सूर्यास्त से पहले उसने जयद्रथ का वध नहीं किया तो वह आत्मदाह कर लेगा।

जयद्रथ भयभीत होकर दुर्योधन के पास पहुँचा और अर्जुन की प्रतिज्ञा के बारे में बताया।

दुर्योधन उसका भय दूर करते हुए बोला—"चिंता मत करो, मित्र! मैं और सारी कौरव सेना तुम्हारी रक्षा करेगी। अर्जुन कल तुम तक नहीं पहुंच पाएगा। उसे आत्मदाह करना पड़ेगा।"

अगले दिन युद्ध शुरू हुआ। अर्जुन की आँखें जयद्रथ को ढूँढ़ रही थीं, किंतु वह कहीं नहीं मिला। दिन बीतने लगा। धीरे-धीरे अर्जुन की निराशा बढ़ती गई। यह देख श्रीकृष्ण बोले—"पार्थ! समय बीत रहा है और कौरव सेना ने जयद्रथ को रक्षा कवच में घेर रखा है। अतः तुम शीघ्रता से कौरव सेना का संहार करते हुए अपने लक्ष्य की ओर बढ़ो।" यह सुनकर अर्जुन का उत्साह बढ़ा और वह जोश से लड़ने लगा।

लेकिन जयद्रथ तक पहुँचना मुश्किल था। संध्या होने वाली थी। तब श्रीकृष्ण ने अपनी माया फैला दी। इसके फलस्वरूप सूर्य बादलों में छिप गया और संध्या का भ्रम उत्पन्न हो गया।

'संध्या हो गई है और अब अर्जुन को प्रतिज्ञावश आत्मदाह करना होगा'—यह सोचकर जयद्रथ और दुर्योधन खुशी से उछल पड़े। अर्जुन को आत्मदाह करते देखने के लिए जयद्रथ कौरव सेना के आगे आकर अट्टहास करने लगा।

जयद्रथ को देखकर श्रीकृष्ण बोले—"पार्थ! तुम्हारा शत्रु तुम्हारे सामने खड़ा है। उठाओ अपना गांडीव और वध कर दो इसका। वह देखो अभी सूर्यास्त नहीं हुआ है।" यह कहकर उन्होंने अपनी माया समेट ली। देखते-ही-देखते सूर्य बादलों से निकल आया। सबकी दृष्टि

आसमान की ओर उठ गई। सूर्य अभी भी चमक रहा था। यह देख जयद्रथ और दुर्योधन के पैरों तले ज़मीन खिसक गई। जयद्रथ भागने को हुआ लेकिन तब तक अर्जुन ने अपना गांडीव उठा लिया।

तभी श्रीकृष्ण चेतावनी देते हुए बोले—"हे अर्जुन! जयद्रथ के पिता ने इसे वरदान दिया था कि जो इसका मस्तक ज़मीन पर गिराएगा, उसका मस्तक भी सौ टुकड़ों में विभक्त हो जाएगा। इसलिए यदि इसका सिर ज़मीन पर गिरा तो तुम्हारे सिर के भी सौ टुकड़े हो जाएँगे। हे पार्थ! उत्तर दिशा में यहाँ से सौ योजन की दूरी पर जयद्रथ का पिता तप कर रहा है। तुम इसका मस्तक ऐसे काटो कि वह इसके पिता की गोद में जाकर गिरे।"

अर्जुन ने श्रीकृष्ण की चेतावनी ध्यान से सुनी और अपने लक्ष्य की ओर ध्यान कर बाण छोड़ दिया। उस बाण ने जयद्रथ का सिर धड़ से अलग कर दिया और उसे लेकर सीधा जयद्रथ के पिता की गोद में जाकर गिरा। जयद्रथ का पिता चौंककर उठा तो उसकी गोद में से सिर ज़मीन पर गिर गया। सिर के ज़मीन पर गिरते ही उनके सिर के भी सौ टुकड़े हो गए।

इस प्रकार अर्जुन की प्रतिज्ञा पुरी हुई।

•••

18

शाप बना वरदान

यह कथा उर्वशी के उस शाप की है जिसमें उन्होंने अर्जुन को एक वर्ष के लिए किन्नर (हिजड़ा) होने का शाप दिया था। यह कथा इस प्रकार है—

वनवास के समय महर्षि व्यास की आज्ञा से अर्जुन तपस्या करने लगे। उनकी तपस्या से प्रसन्न होकर भगवान् शिव ने उन्हें पाशुपतास्त्र

दिया। तत्पश्चात् असुरों से युद्ध के लिए देवराज इन्द्र अर्जुन को स्वर्ग ले गए। वहाँ अर्जुन को इन्द्र एवं लोकपालों से अन्य दिव्य अस्त्र मिले। दिव्य अस्त्रों को पाकर अर्जुन ने असुरों पर चढ़ाई कर दी और उन्हें मार भगाया।

असुरों के निरंतर आक्रमण से इन्द्र परेशान हो गए थे, इसलिए असुरों को मार भगाने पर वे बड़े प्रसन्न हुए और अर्जुन का भव्य स्वागत किया। इन्द्रसभा में अर्जुन को अपने पास बिठाकर वे उन्हें हर प्रकार से संतुष्ट करने का प्रयास करने लगे।

इन्द्र के दरबार में अनेक अप्सराएँ नृत्य कर रही थीं। इन्द्र एक-एक कर उनका परिचय देते और अर्जुन सिर झुका कर उन्हें प्रणाम करते। इन्द्र यह जानना चाहते थे कि उनका आकर्षण किसकी ओर है, जिससे उन्हें प्रसन्न किया जा सके। किंतु अर्जुन अपने परिजन के ध्यान में मग्न थे। वे बहुत दिनों से उनसे नहीं मिले थे। उन्हें उनकी याद सता रही थी।

देवराज इन्द्र परेशान थे कि किस प्रकार अर्जुन को प्रसन्न किया जाए। तभी उर्वशी ने दरबार में प्रवेश किया। द्वारपाल द्वारा उनके नाम के संबोधन से सहसा अर्जुन ने उर्वशी की ओर देखा। अर्जुन को उर्वशी की ओर निहारते देख इन्द्र ने सोचा कि शायद उनकी रुचि उर्वशी में है। अतः नृत्य समाप्त होने के बाद उन्होंने गंधर्वराज चित्रसेन को आदेश दिया कि आज की रात उर्वशी अर्जुन की सेवा करे।

उर्वशी को जब यह आदेश मिला तो वह प्रसन्नता से फूली नहीं समाई। वह स्वयं भी अर्जुन पर मोहित हो गयी थी। रात में, श्रृंगार कर वह अर्जुन के कक्ष में पहुँची। उस समय अर्जुन अपने कक्ष में विश्राम कर रहे थे। आहट सुनकर अर्जुन शय्या से उठ गए और उर्वशी को देखकर बोले—"माते! इतनी रात्रि में आप यहाँ! मुझे बुलवा लिया होता।"

माता शब्द सुनकर उर्वशी आश्चर्यचकित हो गई। उन्हें अपने कानों पर विश्वास नहीं हो रहा था। वह बोली—"वीरवर! देवराज इन्द्र ने मुझे आपकी सेवा में उपस्थित होने का आदेश दिया है। मैं स्वयं भी आप पर मोहित हो गई हूँ। इसलिए यहाँ उपस्थित हुई हूँ। कृपया मुझे सेवा करने का अवसर प्रदान करें।"

अर्जुन ने गंभीरता से उनकी बात सुनी, फिर बोले—"इस प्रकार के अनुचित शब्द न दोहराएँ। आप कुरु कुल की जननी हैं। इस नाते मेरी माता हैं। दरबार में मैंने इसी भाव से आपको देखा था और माता के रूप में ही आपके दर्शन किए थे।"

किंतु उर्वशी अर्जुन की बात को अनसुना करते हुए बोली—"वीरवर! स्वर्ग में जितनी भी अप्सराएँ हैं वे न तो किसी की माता है, न किसी की बहन और न ही किसी की पत्नी। स्वर्ग में आने वाला प्राणी अपने पुण्यकर्मों के अनुसार ही उसका उपभोग करता है। यहाँ का यही नियम है। इसलिए आप मुझे देवराज इन्द्र की आज्ञा का पालन करने दें।"

अर्जुन बोले—"जिस प्रकार कुंती, इन्द्राणी, माद्री आदि मेरी माताएँ हैं उसी प्रकार आप भी हैं। इसलिए मुझे अपना पुत्र समझकर उसी प्रकार अनुसरण करें।"

उर्वशी ने अनेक यत्न किए, लेकिन वे अर्जुन के चित्त को डिगा नहीं सकी। उर्वशी स्वर्ग की सबसे सुंदर अप्सरा थी। आज तक इस तरह किसी ने उन्हें नहीं ठुकराया था। वे आहत होकर बोलीं—"अर्जुन! तुमने एक नपुंसक की भाँति मेरा अपमान किया है। जाओ, मैं शाप देती हूँ कि एक वर्ष तक तुम हिजड़े की भाँति नृत्य गान करते हुए गुजारोगे।"

यह कहकर क्रोधित उर्वशी प्रस्थान कर गई। अर्जुन ने माता का यह शाप आशीर्वाद समझकर ग्रहण कर लिया।

यह घटना जब इन्द्र को ज्ञात हुई तो वे बहुत प्रसन्न हुए और अर्जुन के पास जाकर बोले—"वत्स! तुम जैसे धर्म का पालन करने वाले को कोई भी विपत्ति कष्ट नहीं पहुँचा सकती अपितु शाप भी आशीर्वाद बन जाता है। जब तुम अज्ञातवास का एक वर्ष व्यतीत करोगे, तब यह शाप तुम्हारे लिए वरदान सिद्ध होगा। उर्वशी द्वारा एक वर्ष का शाप तुम्हारे लिए पृथ्वी पर भी एक वर्ष के बराबर ही होगा।"

इस प्रकार अर्जुन ने एक वर्ष का अज्ञातवास किन्नर के रूप में व्यतीत किया और उसे कोई पहचान नहीं सका। इस प्रकार शाप ही उसके लिए वरदान बन गया।

•••

19

विजय का आशीर्वाद

कुरुक्षेत्र का मैदान रणक्षेत्र दिखाई दे रहा था। कौरव और पांडव—दोनों सेनाएँ आमने-सामने खड़ी होकर रणभेरी के बजने की प्रतीक्षा कर रही थीं। तभी धर्मराज युधिष्ठिर ने अपने अस्त्र, शस्त्र एवं कवच उतारे और रथ से उतर कर पैदल ही कौरव सेना की ओर चल पड़े। ज्येष्ठ भ्राता को इस प्रकार पैदल जाते देखकर शेष चारों पांडव चिंतित हो गए।

श्रीकृष्ण भी मुस्कराते हुए सबकुछ देख रहे थे। अर्जुन, भीम आदि को चिंतित देख वे उन्हें समझाते हुए बोले—"युधिष्ठिर धर्मराज हैं और धर्मानुसार ही कार्य करते हैं। इस समय भी वे धर्मानुसार कार्य करने जा रहे हैं। इसलिए आप सब व्यर्थ चिंतित न हों।"

युधिष्ठिर को पैदल आता देख दुर्योधन बड़ा प्रसन्न हुआ। उसने सोचा कि वे उसकी विशाल सेना देखकर डर गए हैं और शरण माँगने आ रहे हैं।

युधिष्ठिर भीष्म पितामह के निकट पहुँचे और प्रणाम करते हुए बोले—"पितामह! आज हम आप से युद्ध करने को विवश हैं। लेकिन आपकी आज्ञा और आशीर्वाद के बिना हम यह युद्ध कैसे कर सकते हैं। इसलिए कृपया हमें आशीर्वाद और आज्ञा दें।"

भीष्म पितामह प्रसन्न होकर बोले—"धर्मराज युधिष्ठिर! तुमने अपने धर्म का सच्चाई से पालन किया है। यदि इस प्रकार तुम आशीर्वाद व आज्ञा नहीं लेते तो तुम्हारी पराजय निश्चित थी। किंतु तुमने मुझे प्रसन्न कर दिया। जाओ, विजयी हो। मैं प्रतिज्ञाबद्ध हूँ इसलिए कौरवों के वश में हूँ और तुम्हारे विरोध में युद्ध करूँगा। अत: अपने पक्ष में युद्ध करने के अतिरिक्त तुम मुझसे जो चाहे वरदान माँग लो।"

युधिष्ठिर बोले—"पितामह! आपको इच्छा-मृत्यु का वरदान प्राप्त है। आपको जीतना असम्भव है। फिर आप पर विजय कैसे सम्भव होगी।"

भीष्म बोले—"युधिष्ठिर! इस प्रश्न का उत्तर तुम बाद में पूछना।"

"जैसी आपकी आज्ञा।" कहकर युधिष्ठिर ने उन्हें प्रणाम किया और गुरु द्रोणाचार्य के सामने पहुँचे। गुरु को प्रणाम कर उन्होंने युद्ध की आज्ञा माँगी। साथ ही उन पर विजय प्राप्त करने का उपाय पूछा।

द्रोणाचार्य बोले—"युधिष्ठिर! जब तक मेरे हाथ में अस्त्र-शस्त्र रहेंगे, मुझे कोई परास्त नहीं कर सकता। लेकिन मेरा यह स्वभाव है कि किसी विश्वसनीय व्यक्ति द्वारा मैं कोई अप्रिय समाचार सुनता हूँ तो ध्यान करने के लिए अपने अस्त्र-शस्त्र रख देता हूँ। तब मुझे मारा जा सकता है और इसी प्रकार से तुम मुझ पर विजय प्राप्त कर सकते हो।"

युधिष्ठिर ने उन्हें प्रणाम किया और कृपाचार्य के चरणों में पहुँचे। कृपाचार्य उनके कुलगुरु थे, उनसे भी उन्हें आशीर्वाद प्राप्त हुआ।

सबकी मृत्यु के बारे में पूछते हुए युधिष्ठिर दुःख से भर गए थे इसलिए वे कृपाचार्य से उनकी मृत्यु के बारे में नहीं पूछ सके। उन्हें करुणा से भरा देखकर कृपाचार्य स्वयं बोले—"वत्स! मैं किसी के द्वारा नहीं मारा जा सकता, किंतु वचन देता हूँ कि तुम्हारी विजय के मध्य मैं नहीं आऊँगा। तुम्हारी विजय हो, इसके लिए मैं भगवान् से प्रार्थना करूँगा।"

आगे बढ़कर युधिष्ठिर शल्य मामा के पास पहुँचे। शल्य ने उन्हें विजयश्री का आशीर्वाद देते हुए कहा कि वे युद्ध में कर्ण को ऐसे कटु वचन सुनाते रहेंगे जिनसे कि उसका मनोबल डगमगाता रहे।

इस प्रकार युधिष्ठिर ने अपने कर्त्तव्य का पालन करते हुए सभी संबंधियों एवं गुरुजन से विजय का आशीर्वाद प्राप्त करके अपनी विजय का मार्ग प्रशस्त किया।

•••

20

असत्यवाणी

महाभारत का भीषण युद्ध चल रहा था। गुरु द्रोणचार्य पांडव सेना पर भारी पड़ते दिखाई पड़ रहे थे। पांडव सेना में से जो भी योद्धा उनके सामने आता, वे उसे मार गिराते। पांडव सेना में इस बात को लेकर खलबली मची हुई थी कि गुरु द्रोण को कैसे रोका जाए?

गुरु द्रोणाचार्य ने अपनी मृत्यु का उपाय युधिष्ठिर को बता दिया था। यह बात श्रीकृष्ण ने पांडवों को स्मरण कराई। तब भीम को एक उपाय सूझा। वे द्रोण-पुत्र अश्वत्थामा के पास गए और युद्ध करने लगे। दोनों में घमासान युद्ध प्रारम्भ हो गया। भीम रथ से उतर कर पृथ्वी पर आ गए और अपनी गदा के प्रहार से अश्वत्थामा को रथसहित रणक्षेत्र से

बहुत दूर फेंक दिया। तत्पश्चात् वे कौरव सेना के एक हाथी के पास पहुँचे। उस हाथी का नाम भी अश्वत्थामा था। भीम ने गदा के एक ही प्रहार से उस हाथी को यमलोक पहुँचा दिया। यह देखकर कि हाथी मर गया, वे गुरु द्रोण के पास जाकर चिल्लाने लगे कि अश्वत्थामा मारा गया, अश्वत्थामा मारा गया। द्रोणाचार्य ने यह सुना तो चौंक उठे। लेकिन उन्हें विश्वास नहीं हुआ कि अश्वत्थामा मारा गया। इसलिए सत्यता का पता करने के लिए उन्होंने अपना रथ युधिष्ठिर की ओर आगे बढ़ाया।

उन्हें आते देख श्रीकृष्ण युधिष्ठिर से बोले—"भ्राताश्री! गुरु द्रोणाचार्य आपके पास आ रहे हैं। उन्हें पराजित करने का केवल यही एक अवसर है। यदि वे आपसे पूछें कि क्या अश्वत्थामा मारा गया तो आप उनकी बात का समर्थन करें।"

श्रीकृष्ण की बात सुनकर धर्मराज युधिष्ठिर सोच में पड़ गए। उन्होंने आज तक असत्य नहीं बोला था। उनकी सत्यता के प्रभाव से ही उनका रथ पृथ्वी से चार अंगुल ऊपर रहता था। विकट स्थिति जानकर वे धर्मसंकट में पड़ गए। लेकिन वे श्रीकृष्ण की आज्ञा भी नहीं टालना चाहते थे!

तभी द्रोण उनके पास पहुँच गए और बोले—"युधिष्ठिर! तुम सत्यप्रिय और धर्मनिष्ठ हो। इसलिए मेरे प्रश्न का उत्तर दो कि क्या अश्वत्थामा मारा गया है? क्या भीम सत्य बोल रहा है?"

बड़े कष्ट के साथ युधिष्ठिर ने कहा—"हाँ गुरुदेव! अश्वत्थामा मारा गया, लेकिन नर नहीं गज।"

श्रीकृष्ण युधिष्ठिर की मनोस्थिति समझ गए थे इसलिए जैसे ही उन्होंने कहा अश्वत्थामा मारा गया, उन्होंने शंखनाद कर दिया। द्रोणाचार्य केवल इतना ही सुन सके कि 'अश्वात्थामा मारा गया।' तब वे अपने अस्त्र-शस्त्र त्याग कर वहीं समाधिलीन हो गए और भीम ने उसी क्षण उनका मस्तक काट दिया।

इस प्रकार धर्मराज युधिष्ठिर द्वारा हिचकिचाहट से कहे गए सत्य के कारण उनकी सत्यता का प्रभाव जाता रहा और उनका रथ अन्य रथों की भाँति पृथ्वी पर चलने लगा।

•••

21

सबसे बड़ा धर्म

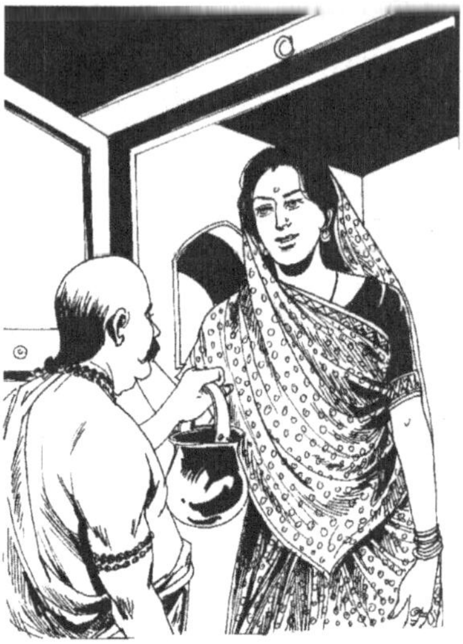

एक बार की बात है, कौशिक नामक एक ब्राह्मण निर्जन वन में बैठा हुआ मंत्रोंच्चारण कर रहा था। वह जिस वृक्ष के नीचे बैठा था, उस पर एक बगुली बैठी थी। अचानक उसने कौशिक पर बीट कर दी। इससे वह क्रोधित हो उठा और उसने आग्नेय दृष्टि से उसे देखा। क्षण भर में बगुली भस्म हो गई। इससे कौशिक के मन में अहंकार उत्पन्न हो गया कि उस जैसा परम तपस्वी दूसरा कोई नहीं हो सकता। मन-ही-मन प्रसन्न होता हुआ वह वहाँ से उठा और भिक्षा लेने गाँव की ओर चल दिया।

गाँव में, एक घर के सामने पहुँचकर उसने भिक्षा के लिए आवाज़ लगाई। कौशिक से कुछ देर पहले उस घर का स्वामी आया था, इसलिए गृहिणी ने उसे कुछ देर प्रतीक्षा करने के लिए कहा और स्वयं स्वामी की सेवा में लग गई।

कुछ देर बाद जब वह भिक्षा लेकर द्वार पर आई तो कौशिक क्रोधित होकर बोला—"तुमने मुझे इतनी प्रतीक्षा क्यों करवाई?" गृहिणी ब्राह्मण के क्रोध को भाँपकर बोली—"क्षमा करें ब्राह्मणदेव! मैं कोई बगुली नहीं हूँ जो आपके क्रोध से भस्म हो जाऊँगी। मेरे पति अभी-अभी बाहर से आए हैं और पति-सेवा करना हर पतिव्रता का धर्म है। इसलिए पहले मैंने उनका सत्कार किया है। अन्यथा मैं आपको प्रतीक्षा नहीं करवाती। आप क्रोध न करें। क्रोध मनुष्य का सबसे बड़ा शत्रु है। जो मनुष्य क्रोध पर विजय पा लेता है, वह अपनी इन्द्रियों पर भी विजय पा सकता है। किसी से कष्ट मिलने पर भी जो व्यक्ति उसका प्रत्युत्तर हिंसा से नहीं देता, वही ब्राह्मण कहलाने योग्य है। ऐसा प्रतीत होता है कि आपको तत्त्वज्ञान नहीं है। मैं आपको वह स्थान बताती हूँ जहाँ आपको तत्वज्ञान मिल सकता है। मिथिला में सत्यवादी एवं इन्द्रिय विजेता धर्म नामक एक व्याध (शिकारी) रहता है। आप उसके पास जाएँ। वह आपका उचित मार्गदर्शन करेगा।"

गृहिणी के मुख से बगुली के भस्म होने की बात सुनकर कौशिक आश्चर्यचकित रह गया। तत्पश्चात् शीघ्र ही मिथिला में धर्म व्याध के घर जा पहुँचा। वहाँ उसने गृहिणी का सारा वृतान्त सुनाया।

तब व्याध कौशिक को अपने घर ले गया और उसका आदर-सत्कार करते हुए बोला—"ब्राह्मणदेव! मैं मांस विक्रय करता हूँ। यह कार्य पीढ़ी दर पीढ़ी चलता आ रहा है। इसलिए मैं भी यह कार्य करता हूँ। अपने वृद्ध माता-पिता की सेवा करना और सत्य बोलना ही मेरा धर्म है, सामर्थ्य के अनुसार ब्राह्मणों और याचकों को दान-दक्षिणा देता हूँ। जिस प्रकार राजा का धर्म है प्रजा का पालन करना, उसी प्रकार सभी अपना-अपना धर्म निभाते हैं। लोक व्यवहार इसी प्रकार चलता है। मैं स्वयं प्राणी-हिंसा में विश्वास नहीं करता, किंतु अपने धर्म के लिए अपना कर्म करता हूँ। इसलिए स्वधर्म ही सबसे बड़ा धर्म है और इसका पालन सभी को करना चाहिए।"

कौशिक भी उससे स्वधर्म की शिक्षा लेकर धन्य हो गया।

इस कथा से शिक्षा मिलती है कि मनुष्यों को इन्द्रियों को वश में कर अपने धर्म का उचित पालन करते रहना चाहिए। •••

22

भक्त तुलाधार

भक्त तुलाधार सहिष्णु, दयावान, ईमानदार, सत्यवादी एवं लोभमुक्त व्यक्ति था। उसका व्यक्तित्व इतना साधारण था कि वह केवल उन्हीं वस्तुओं को अपने पास रखता था जिनकी उसे अत्यंत आवश्यकता होती थी। जैसे पहनने के लिए मात्र एक धोती और एक गमछा आदि।

तुलाधार प्रतिदिन नदी पर नहाने जाता था। एक बार भगवान ने उसकी परीक्षा लेने का निश्चय किया। प्रात:काल जब वह नदी पर नहाने आया तो भगवान ने तट पर कुछ सुंदर वस्त्र रख दिए।

तट पर सुंदर वस्त्र रखे हैं और उनका मालिक नहीं है, यह जानकर भी तुलाधार के मन में लोभ उत्पन्न नहीं हुआ और वह आगे बढ़ गया। भगवान् सब देख रहे थे। तुलाधार के इस कार्य से वे बड़े प्रसन्न हुए। अगले दिन जब तुलाधार पुन: नदी पर पहुँचा तो भगवान ने उस जगह सोने-चाँदी के आभूषण रख दिए। तुलाधार की दृष्टि उन पर पड़ी।

थोड़ी देर के लिए उसे अपनी गरीबी का ध्यान आया किंतु फिर संभल कर उसने सोचा कि 'यदि आज मैं इन्हें उठा लेता हूँ तो मेरा लोभ बढ़ता जाएगा और फिर मैं अन्य वस्तुओं के लोभ में पड़ जाऊँगा। इससे मेरा मन अशांत हो जाएगा, जिसके कारण मैं कुछ न कुछ पाप करता रहूँगा। मुझे नरक में नहीं जाना है क्योंकि लोभी मनुष्य के लिए नरक का द्वार खुला रहता है। अत: मैं लोभ नहीं करूँगा।' यह विचार कर उसने स्नान किया और घर लौट गया। भगवान अपने भक्त पर बहुत प्रसन्न हुए और उसे अपनी निर्मल भक्ति का वर दिया।

•••

23

गज और ग्राह

द्रविड़ देश में गजेन्द्र नामक एक परम प्रतापी राजा राज्य करते थे। उन्होंने अनेक वर्षों तक धर्मपूर्वक राज्य किया। वृद्धवस्था में उन्होंने राज-पाट त्याग दिया और मलय पर्वत पर आश्रम बनाकर तपस्या करने लगे।

एक बार की बात है, महर्षि अगस्त्य शिष्यों सहित गजेन्द्र के आश्रम में पधारे। उस समय गजेन्द्र समाधि में लीन थे। इसलिए उन्हें महर्षि के आगमन का पता नहीं चला।

महर्षि अगस्त्य ने इसे अपना अपमान समझा और क्रोधित होकर उन्हें शाप देते हुए बोले—"मूर्ख! तूने अभिमान में आकर मेरा अपमान किया है। मेरे आने पर भी तू हाथी की भाँति बैठा हुआ है। जा, मैं शाप देता हूँ कि तू गज की योनि में जन्म लेगा।"

इसी शाप के कारण राजा गजेन्द्र को हाथी की योनि में जन्म लेना पड़ा। लेकिन पुण्यकर्मों के कारण हाथी की योनि में भी उन्हें पूर्व जन्म की स्मृति रही और वे निरंतर भगवान् का स्मरण करते रहे।

क्षीरसागर में त्रिकुट नामक एक विशाल पर्वत था। उसके सोने चाँदी एवं लोहे के तीन शिखर सभी दिशाओं को प्रकाशित करते रहते थे। उस पर्वत की तलहटी में एक सुंदर सरोवर था। गजेन्द्र हाथी अपनी हथनियों के साथ वहाँ प्रायः आता रहता था। गजेन्द्र बहुत विशाल और शक्तिशाली था। उसे देखकर अन्य पशु डरकर भाग जाते थे।

एक दिन गजेन्द्र अपनी पत्नियों के साथ सरोवर में क्रीड़ा कर रहा था। तभी एक विशाल ग्राह (मगरमच्छ) ने गजेन्द्र की टाँग पकड़ ली और उसे सरोवर के भीतर खींचने लगा। गजेन्द्र ने उससे बचने का बहुत प्रयत्न किया, लेकिन असफल रहा। अंत में उसने भगवान् विष्णु का ध्यान किया और उनसे रक्षा की प्रार्थना की।

उसकी करुणामय स्तुति सुनकर भगवान् विष्णु साक्षात् प्रकट हो गए। गजेन्द्र ने अपनी सूंड़ से एक कमल तोड़कर श्रीहरि के चरणों में अर्पित कर दिया। उसके भक्तिभाव से प्रसन्न होकर भगवान् विष्णु ने अपने सुदर्शन चक्र से उस ग्राह का अंत करके गजेन्द्र की रक्षा की।

इस प्रकार श्रीविष्णु ने गजेन्द्र को शाप मुक्त करके अपना पार्षद बना लिया। उनके हाथों मृत्यु पाकर वह ग्राह भी मोक्ष का अधिकारी बना।

•••

24

अनोखा गुरु भक्त

यह कथा भक्त आरुणी की है जिन्होंने गुरु भक्ति की अनूठी मिसाल स्थापित की। गुरु के आशीर्वाद से अरुणी आगे चलकर महर्षि उद्दालक के नाम से प्रसिद्ध हुए। जिनका नाम उपनिषदों में भी पढ़ा जा सकता है। वह कथा इस प्रकार है—

बहुत प्राचीन बात है, पहले ऋषि-मुनि आश्रम में शिक्षा देते थे। शिष्य गुरु की सेवा करते, आश्रम के पशु आदि चराते और अन्य अनेक कार्य करते-करते ही शिक्षा ग्रहण करते थे। इसी प्रकार, धौम्य नामक ऋषि के आश्रम में आरुणी, उपमन्यु और वेद नामक तीन शिष्य थे। वे तीनों गुरु की प्रत्येक आज्ञा का पालन करते थे।

एक बार की बात है, रात्रि का समय था मूसलाधार वर्षा हो रही थी। उस समय गुरु ने आरुणी को आज्ञा दी की खेत पर जाओ और वहाँ मेड़ बाँध कर आओ, जिससे खेतों से पानी न भर सके और फसल सुरक्षित रहे। आरुणी वर्षा की चिंता किए बिना खेत पर पहुँचा।

उसे खेत की एक मेड़ टूटी दिखाई दी। वहाँ से तेजी से पानी भर रहा था। आरुणी इधर-उधर से मिट्टी एकत्रित कर मेड़ पर लगाने लगा। लेकिन पानी के वेग से मिट्टी बह जाती थी। वह हर बार मिट्टी लगाता और वह हर बार बह जाती।

आरुणी को गुरु की आज्ञा का पालन करना था। अत: कोई उपाय न देख वह मेड़ पर स्वयं लेट गया और पानी को भरने से रोकने लगा।

सुबह गुरुजी को याद आया कि आरुणी को खेतों पर भेजा था, किंतु वह अभी तक नहीं लौटा। वे आरुणी के लिए चिंतित हो गए और शिष्यों के साथ उसे खोजने के लिए खेतों पर पहुँचे। वहाँ पहुँचकर उन्होंने ज़ोर से आवाज लगाई। गुरुजी की आवाज सुनकर आरुणी ने प्रत्युत्तर दिया।

गुरु आवाज की दिशा की ओर दौड़े तो उन्होंने देखा कि आरुणी पानी रोकने के लिए मेड़ पर लेटा हुआ है। गुरु-भक्ति का ऐसा उत्कृष्ट उदाहरण देखकर वे गद्गद् होकर बोले—"वत्स आरुणी! आज मैं तुम्हारी गुरुभक्ति से बहुत प्रसन्न हुआ। मैं तुम्हें आशीर्वाद देता हूँ कि बिना विद्या सीखे ही तुम्हें सभी विद्याएँ आ जाएँ। संसार में तुम्हारा नाम अमर रहे। साथ ही तुम भगवान के परम भक्त कहलाओ। आज से तुम्हारा नाम उद्दालक होगा।"

इस प्रकार भक्त आरुणी ने गुरुभक्ति का अनूठा उदाहरण प्रस्तुत कर संसार को गुरु-भक्ति का अद्भुत पाठ पढ़ाया।

•••

25

मृत्यु की लकीर

रावण बड़ा विद्वान और शक्तिशाली था। जन्म और मृत्यु पर उसका अधिकार था। मौसम उसकी इच्छानुसार बदलते थे।

एक बार रावण को यह आभास हुआ कि निकट भविष्य में उसकी मृत्यु होने वाली है। इसलिए उसने सोचा कि ब्रह्माजी ने उसकी मृत्यु जिस प्रकार लिखी है, वह उसे ही मिटा दें।

यह सोचकर वह ब्रह्माजी से मिला और बोला—"ब्रह्मदेव! आप अंतर्यामी हैं। कृपया बताएँ, मेरी मृत्यु किसके हाथों निश्चित है?"

ब्रह्माजी बोले—"वत्स! दक्षिण में कौशल नामक देश है। वहाँ की राजकुमारी कौशल्या का विवाह अयोध्या के राजा दशरथ से होगा। उसी के गर्भ से उत्पन्न श्रीराम तुम्हारा वध करेंगे।"

रावण ज़ोर से हँसकर बोला—"ब्रह्मदेव! ऐसा कदापि नहीं हो

सकता। मैं कौशल्या का विवाह दशरथ से नहीं होने दूँगा। मैं मृत्यु की लकीर को मिटा दूँगा।"

रावण की बात सुनकर ब्रह्माजी मुस्कराते हुए बोले—"दैत्यराज! विधि का लिखा कोई नहीं मिटा सकता। फिर तुम चाहे कितने ही प्रयास क्यों न कर लो।"

रावण अहंकार में भरकर बोला—"पितामह! मैं आपका लिखा बदल कर रहूँगा। मुझे मारने वाला कदापि पैदा नहीं हो सकता।"

यह कहकर रावण वहाँ से सीधा कौशल पहुँचा और वहाँ अपनी माया फैला दी। सभी नगरवासी गहरी निद्रा में चले गए। तब उसने कौशल्या को एक बड़े संदूक में बंद कर दिया और समुद्र में रहने वाले अपने मित्र तिमिंगल को उसे सुरक्षित रखने को कहा।

इधर, इसी दिन कौशल्या और राजा दशरथ का विवाह तय था। राजा दशरथ नौका से बारात लेकर जा रहे थे कि तभी रावण ने अपनी माया से नौकाओं को सरयू नदी की भँवर में फँसा कर डुबो दिया। राजा दशरथ और उनके मंत्री सुमंत्र की नौकाएँ डूब गईं। लेकिन एक टूटी नौका का तख्ता पकड़ कर वे गंगा सागर से बहते हुए सागर द्वीप समुद में पहुँच गए।

वह द्वीप सागर के बीचों-बीच स्थित था। वहाँ राजा दशरथ ने एक बड़ा संदूक पड़ा देखा तो वे आश्चर्य करने लगे कि आस-पास कोई नहीं है फिर सन्दूक किसका है? फिर जैसे ही उन्होंने सन्दूक खोला, उसमें से राजकुमारी कौशल्या बाहर निकली। सुमंत्र ने उसका परिचय पूछा। तब कौशल्या ने उन्हें सारी घटना सुनाई।

सुमंत्र ने उन्हें दशरथ का परिचय दिया तो वह शर्म से झुक गयी। तब सुमंत्र ने कहा—"महाराज! हमें यहाँ नहीं रुकना चाहिए। वह मायावी कभी भी यहाँ पहुँच सकता है।"

फिर दशरथ कौशल्या को लेकर अयोध्या आ गए और उन्होंने विधिवत् विवाह कर लिया।

इधर प्रसन्न रावण ब्रह्माजी के पास पहुँचा। किंतु ब्रह्माजी के मुख से दशरथ और कौशल्या के विवाह के विषय में सुनकर आश्चर्यचकित रह गया। वह उसी समय तिमिंगल के पास पहुँचा तो वहाँ खाली संदूक देखा। यह देखकर वह अत्यंत निराश होकर लंका लौट गया।

होनहार अटल है, वह होकर रहती है, चाहे जितना टालने का प्रयास किया जाए।

•••

26

गणेश-लक्ष्मी पूजन

एक बार की बात है, एक राजा ने किसी लकड़हारे पर प्रसन्न होकर उसे चंदन की लकड़ी का पूरा जंगल दे दिया। लेकिन लकड़हारा बुद्धू और गँवार था। वह चंदन की लकड़ी का महत्त्व नहीं समझता था। धीरे-धीरे उसने पूरा जंगल साफ कर दिया और पुनः अपनी बदहाल अवस्था में पहुँच गया क्योंकि वह सारी लकड़ियाँ भोजन पकाने में जला चुका था। राजा ने सोचा यह सच है कि बुद्धि होती है तभी लक्ष्मी अर्थात् धन का संचय किया जा सकता है।

गणपति बुद्धि के स्वामी हैं, बुद्धि-दाता हैं। यही कारण है कि लक्ष्मी एवं गणपति की एक साथ पूजा का विधान है ताकि धन और बुद्धि एक साथ मिलें।

एक अन्य कथा के अनुसार, एक बार एक साधु के मन में राजसी सुख भोगने का विचार आया। यह सोचकर उसने लक्ष्मी को प्रसन्न करने के लिए घोर तपस्या शुरू कर दी।

लक्ष्मीजी प्रसन्न हुईं और उसे मनोवांछित वरदान दे दिया।

वरदान को सफल करने के लिए वह साधु एक राजा के दरबार में पहुँचा और सीधा सिंहासन के पास पहुँचकर झटके से राजा का मुकुट नीचे गिरा दिया। यह देखकर राजा और सभासदों की भ्रकुटियाँ तन गईं। किंतु तभी मुकुट में से एक विषैला सर्प निकला। यह देखकर राजा बहुत प्रसन्न हुआ और सोचा कि इस साधु ने सर्प से उसकी रक्षा की है। इसलिए उसे अपना मंत्री बना लिया।

एक बार साधु ने सभी को फौरन राजमहल से बाहर जाने को कहा। राजमहल में सभी उनके चमत्कार को नमस्कार करते थे। इसलिए सभी ने राजमहल खाली कर दिया। अगले ही क्षण वह धड़धड़ाता हुआ खंडहर बन गया। सभी ने उसकी प्रंशसा की। अब साधु के कहे अनुसार सभी कार्य होने लगे। यह सब देखकर साधु के मन में अहंकार उत्पन्न हो गया और वह स्वयं के आगे सबको तुच्छ समझने लगा।

एक दिन राजमहल के एक कक्ष में उसने गणेशजी की प्रतिमा देखी। उसने आदेश देकर वह मूर्ति वहाँ से हटवा दी। एक दिन दरबार लगा था। साधु ने राजा से कहा—"महाराज! आप अपनी धोती तुरंत उतार दें, इसमें सर्प है।"

राजा उनका चमत्कार पहले भी देख चुका था, इसलिए उसने धोती उतार दी। लेकिन उसमें सर्प नहीं निकला। यह देख राजा को बहुत क्रोध आया। उसने साधु को काल कोठरी में डलवा दिया।

साधु पुनः तप करने लगा। स्वप्न में लक्ष्मी ने उससे कहा—"मूर्ख! तूने राजमहल से गणेशजी की मूर्ति हटवा दी। वे बुद्धि के देवता हैं। तूने उन्हें रुष्ट कर दिया, इसलिए उन्होंने तेरी बुद्धि हर ली।"

साधु को अपनी गलती का पता चला। तब उसने गणपति को प्रसन्न किया। गणपति के प्रसन्न होते ही राजा कालकोठरी में गया और साधु से क्षमा माँग कर उसे पुनः मंत्री बना दिया। मंत्री बनते ही साधु ने गणपति को पुनः स्थापित किया। साथ ही वहाँ लक्ष्मी की मूर्ति भी स्थापित की।

इस प्रकार कहा गया है कि धन के लिए बुद्धि का होना आवश्यक है। दोनों साथ में होंगी तभी मनुष्य सुख एवं समृद्धि से रह सकता है। यही कारण है कि दीवाली पर लक्ष्मी एवं गणेश के रूप में धन एवं बुद्धि की पूजा होती है। •••

27

अमृत जल

मरु प्रदेश ऐसा क्षेत्र है जहाँ सदा जल की किल्लत रही है और वहाँ के लोग पानी के लिए तरसते रहे हैं। ऐसे ही एक प्रदेश में उत्तंक नामक मुनि रहते थे। वे बड़े तपस्वी और विद्वान थे।

एक बार द्वारिका लौटते समय भगवान् श्रीकृष्ण ने उत्तंक मुनि के आश्रम में विश्राम किया और उनकी भक्ति से प्रसन्न होकर अभिलषित वर माँगने को कहा।

उत्तंक मुनि ने वरदान माँगते हुए कहा—"भगवन्! यहाँ सदा जल की कमी रहती है। इसलिए जब भी मुझे प्यास लगे तो अमृत के समान निर्मल जल मुझे पीने को मिले, ऐसा वरदान दें।" श्रीकृष्ण बोले—"ठीक है, ऐसा ही होगा।"

वरदान देने के बाद श्रीकृष्ण ने सोचा—"मैंने वर तो दे दिया लेकिन अमृत—अमृत है, वह जल के समान अर्थात् अमृत जैसा जल कैसे हो सकता है?" वे शीघ्र स्वर्ग में पहुँचे और इन्द्र को सारा विवरण बताकर कहा कि उत्तंक मुनि को जब भी प्यास लगे, आप उन्हें अमृत पिलाएँ। इन्द्र ने कहा—"प्रभु! वे मनुष्य हैं; उन्हें अमृत नहीं पिलाया जा सकता। लेकिन यदि आपकी आज्ञा है तो ऐसा ही होगा।"

उत्तंक मुनि अधिकतर समय तपस्या में बिताते थे; उन्हें खाने पीने का समय कम मिलता था। इसलिए वे कभी-कभी खाया-पिया करते थे।

एक दिन उन्हें प्यास लगी तो उन्होंने श्रीकृष्ण का स्मरण कर अमृत-सा जल पिलाने को कहा। तभी उन्हें एक चांडाल आता दिखाई दिया। उसके चारों ओर कुत्ते चले आ रहे थे। उसके हाथ में एक घड़ा था।

चाण्डाल उत्तंक मुनि के पास आकर बोला—"मुनिवर! आपको प्यास लगी है। कृपया जल ग्रहण करें। यह जल अमृत के समान है।"

चाण्डाल की बात सुनकर मुनि क्रोधित होकर बोले—"दुष्ट! मैं एक श्रेष्ठ ब्राह्मण होकर क्या तुझ जैसे चाण्डाल के हाथ से जल ग्रहण करूँगा! तेरे हाथ जल भेजकर श्रीकृष्ण ने मेरे साथ छल किया है।"

लेकिन चाण्डाल उनसे बारंबार जल पीने का आग्रह करने लगा। इससे क्रुद्ध होकर मुनि बोले—"रुक तुच्छ प्राणी, मैं तुझे अभी शाप देता हूँ।"

यह कहकर जैसे ही उत्तंक मुनि शाप देने लगे, वहाँ भगवान् श्रीकृष्ण प्रकट हो गए। उनके प्रकट होते ही चाण्डाल और कुत्ते अदृश्य हो गए। यह देखकर मुनि स्तब्ध रह गए।

तब श्रीकृष्ण बोले—''शांत मुनिवर! मैंने आपके साथ कोई छल नहीं किया। मेरे कहने पर स्वयं देवराज इन्द्र चाण्डाल-वेश में आपको अमृत पिलाने आए थे। मैंने सोचा था कि आप विद्वान हैं; ऊँच-नीच का

भेद नहीं करेंगे। किंतु आपने अहंकारवश इन्द्र को भी नहीं पहचाना और नीच समझकर उनका तिरस्कार किया। अहंकार के कारण ही आप अमृत नहीं पी सके। मुनिवर! जगत् के सभी प्राणी अपने-आप में विशिष्ट हैं क्योंकि उन्हें उनके रूप की भाँति ही शक्ति मिली है। अतः ऊँच-नीच का भेदभाव कभी नहीं करना चाहिए, क्योंकि अपनी-अपनी जगह सभी श्रेष्ठ हैं। अब मैं आपको वरदान देता हूँ कि जब भी आपको प्यास लगेगी, मरुस्थल में मेघ आ जाएँगे और आपकी प्यास बुझाएँगे। ते मेघ उत्तंक मेघ कहलाएँगे।"

उत्तंक मुनि अपनी भूल पर पछताने लगे, लेकिन अब वे अमृत पीने का अवसर खो चुके थे।

•••

28

प्रथम पूज्य

एक बार की बात है, देवताओं में विवाद छिड़ गया कि उनमें से सर्वप्रथम किसकी पूजा हो? अंत में उन्होंने भगवान् शिव को इसका निर्णय करने को कहा। भगवान् शिव उनका विवाद सुलझाने के लिए सहमत हो गए। वे देवताओं से बोले—"आप सभी पृथ्वी की परिक्रमा करें। जो परिक्रमा करके सबसे पहले यहाँ आएगा, वही प्रथम पूजा योग्य होगा।"

यह सुनते ही सभी देवता अपने-अपने वाहनों पर बैठकर पृथ्वी की परिक्रमा के लिए निकल पड़े।

गणपति का वाहन मूषक सबसे कमज़ोर और धीमा था। यदि गणपति उस पर बैठकर परिक्रमा को जाते तो सबके बाद में ही वापस आते। इसलिए उन्होंने अपनी बुद्धि-कौशल से एक उपाय निकाला। उन्होंने सोचा—"यह सारा संसार भगवान् शिव के अधीन है। वे ही सबके कर्ताधर्ता हैं। क्यों न उन्हीं की परिक्रमा कर ली जाए।"

यह सोचकर वे मूषक पर सवार हुए और शिव एवं माता पार्वती की परिक्रमा करके उनके समक्ष उपस्थिति हो गए। उन्हें देख शिव आश्चर्यचकित होकर बोले—"गणेश! तुम इतनी जल्दी परिक्रमा करके आ गए!"

इतने में अन्य देवता भी पहुँच गए। गणेश को देखते ही वे बोले—"गणेश! तुमने परिक्रमा नहीं की है क्योंकि परिक्रमा करते समय तुम हमें मार्ग में नहीं मिले।"

गणेशजी बोले—"देवगण! आप लोगों ने पृथ्वी की परिक्रमा की, किंतु यह संपूर्ण ब्रह्मांड भगवान् शिव में विद्यमान है। वे ही जगत् के आदि और अंत हैं। इसलिए मैंने उनकी परिक्रमा की है। फिर माता-पिता की परिक्रमा को भी पृथ्वी की परिक्रमा के तुल्य माना गया है।"

वहाँ उपस्थित समस्त देवगण उनकी बुद्धि पर आश्चर्य व्यक्त करने लगे। गणेशजी की बात पूर्णतः सत्य थी। तब देवताओं ने सहर्ष गणेशजी को प्रथम पूजा का अधिकारी स्वीकार कर लिया। इस प्रकार गणेश प्रथम पूज्य बने।

•••

29

विछोह

यह कथा उस समय कि जब कंस के अत्याचार के कारण बच्चों के प्राण संकट में देखकर गोकुलवासियों को गोकुल छोड़कर वृंदावन जाना पड़ा। उन्हें अपनी मातृभूमि छोड़ने का गहरा दुःख था। यह कथा इस प्रकार है—

जैसे-जैसे कृष्ण बड़े होते जा रहे थे, उनका नटखटपन बढ़ता जा रहा था। गोकुल के गोप-गोपियाँ उन्हें दुलारने-पुचकारने के लिए मचलते रहते थे। उन्हें देखने के लिए सभी नंद के घर आते रहते थे।

उस समय कंस ने गोकुल के बच्चों को समाप्त करने का आदेश दे रखा था इसलिए गोकुल में उत्पात बढ़ता जा रहा था। गोकुल की गलियों में, बाग़-बग़ीचों में कृष्ण अपनी मंडली के साथ खेलते रहते। उनके साथ कई अप्रिय घटनाएँ भी हुईं। लेकिन श्रीकृष्ण की कृपा से किसी का कुछ अहित नहीं हो पाता था।

गोकुल में उनन्द नामक एक अनुभवी और वृद्ध गोप रहता था। एक दिन उसने गोपों की सभा बुलवाई और उन्हें समझाते हुए बोला—"मित्रो! गोकुल में उत्पात बहुत बढ़ गए हैं। प्रतिदिन कोई-न-कोई घटना घटती रहती है। हमारे बच्चों के प्राण भी संकट में हैं। इसलिए गोकुल छोड़कर हमें वृंदावन में जाकर बस जाना चाहिए। वह स्थान हरा-भरा है और हमारे पशुओं के लिए भी उपयुक्त होगा। यदि आप सहमत हों तो हमें वृन्दावन चलना चाहिए।"

उनन्द की बात सभी को उचित लगी और शीघ्र ही वृन्दावन जाने की तैयारी होने लगी।

गाँव के सभी लोग चलने की तैयारी करने लगे। स्त्री, पुरुष, वृद्ध, बच्चे—सभी अपनी-अपनी तैयारी करने लगे। सारा सामान छकड़ों पर लाद लिया गया। फिर कुछ समय बाद पशुओं को आगे हाँकते हुए सभी वृंदावन की ओर चल दिए।

यशोदा माता—श्रीकृष्ण, बलराम और रोहिणी के साथ एक छकड़े में बैठी हुई थीं। श्रीकृष्ण ने उनसे लीलावश पूछा—"मइया! हम कहाँ जा रहे हैं?"

यशोदा उन्हें बहलाते-बहलाते रोने लगीं। माता की आँखों में आँसू देख श्रीकृष्ण व्याकुल होकर बोले—"माँ! तुम्हारी आँखों में आँसू!"

यशोदा ने उन्हें चुप करा दिया और सोचने लगीं—'तुम्हें कैसे बताऊँ कि अपनी धरती से विछोह पर मुझे कितना दुख हो रहा है'

सच ही है, मातृभूमि छोड़ने का, उससे विछोह का असहनीय दुःख होता है। लेकिन फिर भी मजबूरी में आकर ऐसा करना ही पड़ता है।

•••

30

चाण्डाल और ब्रह्मराक्षस

प्राचीन समय की बात है, क्षिप्रा नदी के तट पर स्थित उज्जैन नगरी में एक चाण्डाल रहता था। वह अत्यंत विनम्र, सत्य-प्रतिज्ञ, बुद्धिमान और संगीत में कुशल था। सत्कर्मों द्वारा धन अर्जित कर अपने परिवार का भरण-पोषण करना ही उसका कार्य था। वह भगवान् विष्णु का अनन्य भक्त था। प्रत्येक मास की एकादशी को उपवास रखता था और भगवान् विष्णु के मंदिर में जाकर भजन-कीर्तन करता था। इस प्रकार उसकी अधिकांश आयु भगवान् नारायण के चरण-कमलों का ध्यान करते हुए बीत गई।

एक बार चैत्र मास के कृष्ण पक्ष की एकादशी को भगवान् विष्णु की पूजा करने के लिए पुष्प एकत्रित करने वह वन में गया। उस वन में एक ब्रह्मराक्षस रहता था। वह अत्यंत क्रूर और पापी स्वभाव का था। जो भी मनुष्य उस वन में जाता था, वह उसे मारकर खा जाता था। जब चाण्डाल भगवान् विष्णु की पूजा-अर्चना के लिए पुष्प एकत्रित कर रहा था, तब ब्रह्मराक्षस ने उसे पकड़ लिया और अट्टहास करते हुए बोला—"आज मेरा भाग्य अनुकूल लगता है, तभी बिना परिश्रम के भोजन मिल गया। अब मैं निश्चिंत होकर तुझे खाऊँगा।"

चाण्डाल विनती करते हुए बोला—"राक्षसराज! आज मुझे मत खाओ। छोड़ दो। कल प्रातः मैं पुनः तुम्हारे पास लौट आऊँगा। आज मुझे भगवान् नारायण की पूजा-अर्चना कर उनका भजन-कीर्तन करना है। तुम्हें उसमें विघ्न नहीं डालना चाहिए। मैं वचन देता हूँ कि कल प्रातः स्वयं को तुम्हारी सेवा में समर्पित कर दूँगा। यदि मैं अपना वचन पूरा न कर सकूँ तो मैं घोर नरक का भागी बनूँ।"

चाण्डाल की बात सुनकर ब्रह्मराक्षस को बड़ा विस्मय हुआ। उसने उसे मुक्त कर दिया और स्वयं वहीं बैठकर उसके लौटने की प्रतीक्षा करने लगा। चाण्डाल शीघ्रता से मंदिर में गया और लाए हुए पुष्प भगवान् विष्णु के चरण-कमलों में अर्पित करने के लिए पुजारी को दे दिए। फिर मंदिर के द्वार पर बैठकर भगवान् का भजन-कीर्तन करते हुए रात भर जागरण करता रहा। प्रातः चाण्डाल ने स्नान कर भगवान् नारायण को प्रणाम किया। फिर अपनी प्रतिज्ञा पूर्ण करने के लिए राक्षस के पास चल पड़ा।

मार्ग में एक परिचित ब्राह्मण उसे रोकते हुए बोला—"अरे! आज द्वादशी है और इस समय तुम भगवान् विष्णु का जागरण करने के बाद घर की ओर लौटते हो। फिर आज वन की ओर कहाँ जा रहे हो?"

चाण्डाल ने उसे सारी बात बताई। तब वह ब्राह्मण बोला—"यह शरीर धर्म, अर्थ, काम और मोक्ष—चारों पुरुषार्थों की प्राप्ति का साधन है, अतः मनुष्य को सदा इसका पोषण करना चाहिए। जीवित रहने पर ही मनुष्य अपने लिए मोक्ष की प्राप्ति का उपाय कर सकता है। इसलिए तुम यह मूर्खता छोड़कर अपने घर चले जाओ।"

ब्राह्मण की बात सुनकर चाण्डाल विनम्र स्वर में बोला—"ब्राह्मणदेव! संसार में केवल सत्य ही अक्षय और पुण्यदायक है। पृथ्वी पर जितनी सुख-सम्पदाएँ हैं, वे सत्य द्वारा ही प्राप्त होती हैं। सत्य से ही मनुष्यों को धर्म, अर्थ, काम और मोक्ष प्राप्त होते हैं। सत्य का त्याग कदापि नहीं करना चाहिए।" यह कहकर चाण्डाल वन की ओर चल पड़ा और शीघ्र ही राक्षस के पास पहुँच गया।

चाण्डाल को देख ब्रह्मराक्षस विस्मित होकर बोला—"मान्यवर! वस्तुतः आप सत्य का पालन करने वाले हैं। आपके इस कर्म से यह प्रतीत होता है कि आप चाण्डाल नहीं, बल्कि अपने धर्म का पालन करने वाले एक सत्यनिष्ठ ब्राह्मण हैं। आपने यहाँ आकर अपना वचन सत्य कर दिखाया। मान्यवर! मैं भी यह जानने को अत्यंत उत्सुक हूँ कि आपने भगवान् विष्णु के मंदिर में ऐसा कौन-सा कार्य किया, जिसके कारण आप इतने प्रसन्न दिखाई दे रहे हैं? उनकी भक्ति करते हुए आपको कितना समय बीत चुका है?"

चाण्डाल बोला—"राक्षसराज! मैंने मंदिर में जाकर भगवान् नारायण का भजन-कीर्तन किया और रात भर उनकी यश-महिमा का गान कर जागरण करता रहा। प्रत्येक महीने की एकादशी को इस प्रकार जागरण करते हुए मुझे बीस वर्ष बीत चुके हैं।"

ब्रह्मराक्षस बोला—"मान्यवर! आप भगवान् विष्णु के परम भक्त हैं। यदि आप एक रात के जागरण का फल मुझे अर्पित कर दें तो मैं आपको मुक्त कर यहाँ से चला जाऊँगा।"

चाण्डाल बोला—"राक्षसराज! मैंने तुम्हें अपना शरीर अर्पित कर दिया है, इसलिए व्यर्थ की बातें त्याग कर मुझे अपना आहार बना लो।"

ब्रह्मराक्षस विनती भरे स्वर में बोला—"मान्यवर! रात्रि व्यतीत होते समय आपने भगवान् विष्णु का जो अंतिम भजन गाया हो, उसी का फल मुझे प्रदान करें, जिससे कि मेरा उद्धार हो सके।"

तब चांडाल बोला—"हे राक्षसराज! यदि तुम आज से किसी भी प्राणी का वध न करने का वचन दो तो मैं अपने एक भजन का फल तुम्हें दे सकता हूँ, अन्यथा तुम मेरा भक्षण कर लो।"

ब्रह्मराक्षस ने प्रसन्नतापूर्वक चाण्डाल की बात मान ली। तब उस

चांडाल ने अपने आधे मुहूर्त के जागरण और भजन का फल उसे दे दिया। उसे पाकर ब्रह्मराक्षस अत्यंत प्रसन्न हुआ और चाण्डाल को प्रणाम कर पृथूदक नामक तीर्थ की ओर चल दिया। वहाँ निराहार रहकर उसने प्राण त्याग दिए। भजन के फल से पुण्य में वृद्धि होने के कारण वह राक्षस-योनि से मुक्त होकर ब्राह्मण-योनि में उत्पन्न हुआ।

इधर, इस घटना से चाण्डाल के हृदय में भी वैराग्य उत्पन्न हो गया। उसने अपनी पत्नी का भार पुत्रों को सौंप दिया और पृथ्वी की परिक्रमा करते हुए पापमोचन नामक तीर्थ में पहुँचा। वहाँ स्नान कर वह सभी पापों से मुक्त होकर उत्तम गति को प्राप्त हुआ और वैकुंठ का अधिकारी बना।

•••

31

अग्नि परीक्षा

वज्रबाहु प्रजापालक, दयालु, वीर, शक्तिशाली और दूसरों की सहायता करने वाले राजा थे। एक बार स्वर्ग में देवराज इन्द्र उनके गुणों और बल-शौर्य की चर्चा कर रहे थे। अग्निदेव यह सहन नहीं कर सके। वे इन्द्र से बोले—"देवेन्द्र! उनमें चाहे कितने ही गुण क्यों न हों, किंतु वे मनुष्य हैं और प्रत्येक मनुष्य की कोई-न-कोई कमज़ोरी अवश्य होती है।"

इन्द्र बोले—"नहीं अग्निदेव! वे सर्वगुण सम्पन्न हैं। उनकी तुलना

साधारण मनुष्यों से नहीं की जा सकती। यदि आप चाहें तो उनकी परीक्षा ले सकते हैं।"

"ठीक है देवेन्द्र! मैं स्वयं उनकी परीक्षा लूँगा।" यह कहकर अग्निदेव राजा वज्रबाहु की परीक्षा लेने चल पड़े।

उन्होंने एक वृद्ध ऋषि का वेश बनाया और पहुँच गए वज्रबाहु के राज्य में। उन्हें देखकर द्वारपाल ने शीघ्र ही राजा को सूचित किया। राजा वज्रबाहु ने स्वयं द्वार पर आकर उनका स्वागत किया और उन्हें महल में ले आए।

वज्रबाहु ने उनका यथोचित आदर-सत्कार किया। तत्पश्चात् ऋषि-वेशधारी अग्निदेव बोले—"राजन! मैं यहाँ एक विशेष उद्देश्य से आया हूँ। मुझे ज्ञात हुआ कि आपके राज्य में भयंकर अकाल पड़ने वाला है। अत: राजन! आप अकाल से निबटने की उचित व्यवस्था कर लें।"

वज्रबाहु आश्चर्यचकित होकर बोले—"मुनिवर! यदि राजा दुराचारी होगा तो उसके दुष्कर्मों के फलस्वरूप राज्य में अकाल पड़ता है। लेकिन मैंने तो न कभी दुराचरण नहीं किया और न ही प्रजा को कष्ट पहुँचाया है। फिर मेरे राज्य में अकाल क्यों पड़ेगा?"

ऋषि बने अग्निदेव बोले—"राजन! तुम्हारी बात ठीक है, लेकिन मैंने जो कुछ कहा है, वह भी अटल सत्य है। आने वाली विपत्ति के बारे में आपको सचेत करना ही मेरा उद्देश्य था। अब यह आप पर निर्भर करता है कि आप मेरी बात पर विश्वास करें अथवा न करें।"

वज्रबाहु बोले—"मुनिश्रेष्ठ! यह आपकी कृपा है कि आपने मुझ तुच्छ को यह पूर्व सूचना देकर कृतार्थ किया। आप अंतर्यामी हैं, अकाल से मुक्ति का कोई-न-कोई उपाय आपको अवश्य ज्ञात होगा। कृपया इस विषय में मेरा मार्गदर्शन करें।"

ऋषि-वेशधारी अग्निदेव बोले—"राजन! अग्निदेव आप से रुष्ट हैं। इसलिए उन्हें प्रसन्न करने के लिए आप बलि दीजिए। इससे वे प्रसन्न हो जाएँगे और आपके राज्य से अकाल का प्रकोप जाता रहेगा।"

"लेकिन मुनिवर! मैंने ऐसा कोई कार्य नहीं किया जिससे अग्निदेव नाराज हों। इसलिए मैं किसी निर्दोष प्राणी की बलि नहीं दूँगा, परिणाम चाहे कुछ भी हो।" यह कहकर वज्रबाहु ने बलि देने से इंकार कर दिया

और अग्निदेव वहाँ से चले गए।

कुछ दिनों के बाद राज्य में भयंकर अकाल पड़ा। चारों ओर हाहाकार मच गया। एक ऋषि ने राजा को बलि देने के लिए कहा था—प्रजा यह बात जानती थी। अतः लोगों ने एक कलश स्वर्ण एकत्रित कर घोषणा कर दी कि 'जो व्यक्ति अपनी बलि देगा, यह सारा स्वर्ण उसका होगा।'

तब राज्य का एक लालची व्यक्ति इस कार्य के लिए अपने पुत्र की बलि देने को तैयार हो गया। पुत्र इस बात से प्रसन्न था कि वह राज्य का संकट दूर करने के लिए बलि दे रहा है।

इधर जब वज्रबाहु ने यह बात सुनी तो उन्होंने कहा कि वह बालक उनकी प्रजा है, उनकी सन्तान है। इसलिए वह नहीं बल्कि वे बलि देंगे।

यह कहकर वज्रबाहु ने बलि वेदी पर अपना सिर रख दिया। फिर उन्होंने जैसे ही खड़ग उठाया, वैसे ही अग्निदेव प्रकट हो गए और प्रसन्न होकर बोले—"राजन! जैसी आपकी कीर्ति सुनी थी, वैसा ही पाया। मैं आपकी परीक्षा ले रहा था। ऋषि-वेश में मैंने ही आपको अकाल का भय दिखाया था। आप निश्‍िंचत रहें, यह अकाल मात्र माया का भ्रम है।"

यह कहकर अग्निदेव ने अपनी माया समेट ली और राजा वज्रबाहु को आशीर्वाद देकर स्वर्ग लौट गए। वज्रवाहु का राज्य पुनः खुशहाल हो गया।

•••

32

अंतिम उपदेश

महाभारत का युद्ध समाप्त हो चुका था। रणक्षेत्र में भीष्म पितामह बाणों की शय्या पर लेटे प्राण त्यागने के लिए शुभ मुहूर्त की प्रतीक्षा कर रहे थे। दूसरी ओर महाराज युधिष्ठिर के सम्राट बनने की तैयारी चल रही थी। तब श्रीकृष्ण ने पितामह भीष्म से अंतिम उपदेश और आशीर्वाद लेने पांडवों और द्रौपदी को उनके पास भेजा।

भीष्म पितामह उन्हें नीति-अनीति का उपदेश देने लगे। जिसे सुनकर द्रौपदी को हँसी आ गई। भीष्म पितामह ने पूछा—"क्या बात है बेटी! तुम हँसी क्यों?"

तब द्रौपदी बोली—"क्षमा करें, पितामह! आज आप हमें नीति-अनीति की बातें सिखा रहे हैं। किंतु जब भरे दरबार में दु:शासन मेरा चीरहरण कर रहा था तब आप शांत बैठे सबकुछ देख रहे थे। उस समय आपको नीति-अनीति का स्मरण क्यों नहीं आया? यह सोचकर मुझे हँसी आ गई।"

भीष्म पितामह बोले—"पुत्री! तुम्हें क्षमा माँगने की कोई आवश्यकता नहीं है। तुम्हारा कथन सर्वथा सत्य है, लेकिन पुत्री! उस समय मैं दुर्योधन के अधीन था और उसके अन्न को खा रहा था जो अनीति और अधर्म से कमाया हुआ था। लेकिन अर्जुन के बाणों ने मेरे शरीर से वह सारा रक्त निकाल दिया जो दूषित अन्न से बना था। इसलिए अब मैं निश्चल और निर्मल होकर उचित-अनुचित, नीति-अनीति का भेद कर सकता हूँ।"

इस प्रकार ज्ञान का उपदेश पाकर द्रोपदी सहित पाँचों पांडव धन्य हो गए।

•••

33

कीचक वध

पांडवों को अपने वनवास का अन्तिम वर्ष अज्ञातवास में बिताना था। इसके लिए उन्होंने अपने वेश बदले और राजा विराट के पास रहकर कार्य करने लगे। द्रौपदी यहाँ विराट नरेश की महारानी सुदेष्णा की दासी के रूप रह रही थी। उसका नाम सैरन्ध्री था।

राजा विराट का सेनापति कीचक बहुत दुष्ट, पापी और उद्दण्डी था। वह महारानी सुदेष्णा का भाई था। अत्यंत शक्तिशाली होने के कारण सेना पर उसका एकछत्र प्रभाव था जिसके कारण राजा विराट उसके अनुचित कार्यों पर ध्यान नहीं देते थे। इससे कीचक की उद्दण्डता और साहस बढ़ते गए। उसके एक सौ पाँच भाई थे जो उसी के समान अत्यंत बलशाली थे।

एक बार की बात है, कीचक सुदेष्णा से मिलने उसके महल में आया। वहाँ उसने जब सैरन्ध्री (द्रौपदी) को देखा तो उसके रूप पर मोहित होकर

उसे पाने के लिए व्याकुल हो उठा। उसने सैरन्ध्री को अनेक प्रकार से मनाने का प्रयास किया, लेकिन उसने ने उसे दुत्कार दिया।

जब वह किसी भी प्रकार उसकी बात मानने को सहमत नहीं हुई तो उसने महारानी को अपने मन की बात बताई और प्राण त्यागने की धमकी देकर सैरन्ध्री को उसके कक्ष में भेजने के लिए तैयार कर लिया।

भाई के मोह में फँसी सुदेष्णा ने बहाना बनाकर सैरन्ध्री को कीचक के कक्ष में भेज दिया। सैरन्ध्री जब कक्ष में पहुँची तो कीचक ने उसे पकड़ लिया। किंतु उसने उसे धक्का दिया और भाग कर राजा विराट के दरबार में पहुँच गई। कीचक भी पीछे-पीछे वहाँ पहुँचा और उसके केश पकड़कर उसे अपमानित करने लगा। राजा विराट कुछ न बोले क्योंकि वे उसके समक्ष कुछ भी करने में असमर्थ थे।

यह सोचकर कि इस विकट घड़ी में केवल भीम ही उसकी सहायता कर सकते हैं, सैरन्ध्री रात्रि के समय भीम के पास पहुँची और सारी घटना सुनाई। भीम की भ्रकुटी क्रोध से तन गई। लेकिन वे अज्ञातवास में थे, इसलिए युक्ति से काम लेना आवश्यक था। वे सैरन्ध्री से बोले—"कीचक को बातों में फँस कर कल रात्रि के समय नाट्यशाला में बुलवाना लो। उसके बाद मैं सब सँभाल लूँगा।"

सैरन्ध्री ने भीम के कहे अनुसार कीचक को नाट्यशाला में बुलवा लिया। वहाँ भीम आकर लेट गए थे। अंधेरा होने के कारण कीचक ने भीम को सैरन्ध्री समझकर प्रेमपूर्वक अपने में भर लिया।

भीम इसी अवसर की प्रतीक्षा में थे। उन्होंने उसे ज़मीन पर पटक दिया और उसकी छाती पर चढ़कर गला दबाने लगा। कीचक भी बलशाली था। उसने भीम को पीछे धकेल दिया और खड़ा होकर उनसे मल्लयुद्ध करने लगा। किंतु भीम की शक्ति के आगे वह अधिक देर तक नहीं टिक सका और भीम ने गला दबाकर उसका वध कर दिया।

प्रातः कीचक की मौत से पूरे महल में आतंक फैल गया। सभी ने सोचा कि कीचक ने सैरन्ध्री का अपमान किया था, इसलिए उसके गंधर्व पतियों ने उसे मार डाला।

इधर कीचक के भाइयों ने सैरन्ध्री को पकड़ लिया और उसे कीचक के शव के साथ जलाने का प्रयास करने लगे। तभी सैरन्ध्री की सहायता के लिए भीम आ गए और उन्होंने एक विशाल वृक्ष को उखाड़कर सभी को शमशान में ही मार गिराया। इस प्रकार एक दुरात्मा का वध हुआ।

34

मृत्यु नहीं

एक बार की बात है, हैहयवंश का राजकुमार परपुरंजय वन में शिकार खेलने गया। वन में उसकी दृष्टि एक मृग पर पड़ी, जिसके शरीर का आधा भाग वृक्षों के पीछे से दिखाई दे रहा था। उसने बाण छोड़ दिया। बाण लगते ही उसे एक व्यक्ति की चीख सुनाई दी। वह शीघ्रता से मृग के पास पहुँचा। वहाँ एक ऋषि मृग की खाल ओढ़कर सो रहे थे। उसने अनजाने में उनकी हत्या कर दी थी।

दु:खी परपुरंजय निकट स्थित महर्षि अरिष्टनेमी के आश्रम में पहुँचा। महर्षि उसका सत्कार करने आगे आए, लेकिन परपुरंजय व्यथित स्वर में बोला—"महर्षि! मैं पापी ब्रह्महत्या का भागी हूँ, आपके आदर-सत्कार के योग्य नहीं।" यह कहकर उन्होंने महर्षि को पूरी घटना बताई और उन्हें साथ लेकर घटनास्थल पर पहुँचे। लेकिन वहाँ शव नहीं था।

परपुंरजय आत्मग्लानि से भर गया कि एक तो उसने ब्रह्महत्या की। साथ ही लापरवाही से उसे वैसे ही छोड़ दिया। शायद शव को जंगली पशु उठा ले गए।

तब महर्षि अरिष्टनेमी ने आवाज़ लगाकर अपने पुत्र को बुलाया और बोले—"राजकुमार! यह मेरा पुत्र है। आपने भ्रमवश इसे ही मारा था।"

परपुरंजय आश्चर्य से बोला—"मुनिवर! यह कैसी लीला है, कृपया समझाने का कष्ट करें।"

अरिष्नेमी बोले—"राजकुमार! मृत्यु हमें छू तक नहीं सकती क्योंकि हम सर्वदा सत्य बोलते हैं; सदा धर्मानुसार आचरण करते हैं। हम ब्राह्मणों और विद्वानों के गुण देखते हैं, अवगुण नहीं। जो हमारे आश्रम में आता है उन्हें भोजन करवाने के पश्चात् ही हम स्वयं भोजन ग्रहण करते हैं। हम इन्द्रियों को वश में रखते हैं। दानादि कर्म करते हैं। विद्वानों और तेजयुक्त महापुरुषों के साथ रहते हैं। शान्तिपूर्वक कर्म करते हुए सभी को क्षमा देते हैं। यही कारण है कि हमें मृत्यु का भय नहीं।"

ये सभी बातें बताकर महर्षि अरिष्टनेमी ने परपुरंजय को विदा किया। परपुरंजय भी पूर्ण तथ्य समझ चुका था कि उसने किसी की हत्या नहीं की। वह प्रसन्नतापूर्वक अपने राजमहल लौट गया।

•••

35

स्वर्ग-नरक

प्राचीन समय की बात है, जनक वंश में विपश्चित् नामक एक प्रसिद्ध राजा हुए। विपश्चित् बड़े धर्मात्मा, सदाचारी और दयालु राजा थे। उन्होंने युद्ध में कभी पीठ नहीं दिखाई थी, याचक को कभी निराश नहीं लौटने दिया था। उन्होंने कई वर्षों तक पृथ्वी पर सुख भोगे। तत्पश्चात् वृद्धावस्था में पुत्र को राज्य सौंपकर स्वयं वन में जाकर कठोर तप करनें लगे। वहीं तप करते हुए उन्होंने प्राण त्याग दिए।

मृत्यु के बाद विपश्चित् को नरक में डाल दिया गया, जहाँ वे भयंकर कष्ट भोगने लगे। एक दिन एक यमदूत वहाँ आया। उसे देखकर विपश्चित् बोले—"यमदूत! कृपया बताओ कि मैंने अपने जीवन में ऐसा कौन-सा पाप किया था, जिसके कारण मुझे यह भयंकर और पीड़ादायक नरक भोगना पड़ रहा है? मैंने अपने राज्य में अनेक यज्ञ किए। धर्मानुसार पृथ्वी का पालन किया। याचकों को भरपूर दान दिया। प्रजा का भली-भाँति पालन किया। इतना पुण्य अर्जित करने के बाद भी किस कर्म के कारण मुझे इस नरक में आना पड़ा?"

यमदूत बोला—"राजन! आपने जो कहा, वह उचित है। किंतु आपने एक छोटा-सा पाप भी किया था। एक बार आपकी पत्नी पीवरी ऋतुमती हुई थी, किंतु उस समय राजकुमारी सुशोभना पर आसक्त होने के कारण आपने उसके ऋतुकाल को सफल नहीं बनाया। वह आपके स्पर्श-सुख से वंचित रह गई। ऋतुकाल का उल्लंघन करने के कारण आपको इस नरक में कष्ट भोगना पड़ा रहा है। जो मनुष्य कामांधा होकर स्त्री के ऋतुकाल का उल्लंघन करता है, उसे इस नरक में आना पड़ता है। आपका इतना ही पाप है। इसके अतिरिक्त और कोई पाप नहीं है। आप यहाँ अपने पाप का फल भोग चुके हैं। इसलिए अब आप अपने पुण्यकर्मों का फल भोगने के लिए मेरे साथ स्वर्ग चलिए।"

यमदूत की बात सुनकर विपश्चित् ने पापकर्मों, उनके दण्ड और उससे प्राप्त होने वाली विभिन्न योनियों के विषय में पूछा। यमदूत ने इस विषय में विस्तार से बताया। तत्पश्चात् विपश्चित् ने पापी मनुष्यों और पुण्यात्मा मनुष्यों की पहचान बताने का आग्रह किया।

यमदूत बोला—"महाराज! निंदा करना, कृतघ्नता, दूसरों के गुप्त भेद को खोलना, निष्ठुरता, निर्दयता, झूठ बोलना, माता-पिता और गुरुजन का निरादार करना, उन्हें अपशब्द कहना, परस्त्री से समागम, दूसरे का धन हड़पना, अपवित्र रहना, निर्दोष जीवों की हत्या करना, देवताओं की निंदा एवं वेदों का निरादार करना, बुद्धि का प्रयोग बुरे कार्यों में करना और इसके अतिरिक्त जितने भी अन्य निंदनीय कर्म हैं, उनमें निरंतर संलग्न रहना—ये सब नरक भोगकर लौटे मनुष्यों की पहचान हैं। जीवों पर दया करना, अच्छे और सत्य वचन बोलना, परलोक के लिए पुण्य-कर्म करना,

गुरु, देवता, माता-पिता और महात्माओं का आदर करना, श्रेष्ठ कर्म करना, सबके प्रति मित्रभाव रखना और अन्य जो भी श्रेष्ठ कर्म हैं, उन्हें करना—ये सब स्वर्ग भोगकर लौटे मनुष्यों की पहचान हैं। राजन! मैंने आपके समस्त प्रश्नों के उत्तर दे दिए। कृपया अब आप मेरे साथ यहाँ से चलने का कष्ट करें।"

विपश्चित् जैसे ही यमदूत के साथ चलने को उद्यत हुए, वैसे ही वहाँ यातना भोगने वाले प्राणी चिल्लाते हुए बोले—"राजन! कुछ समय और यहाँ ठहरकर हम पर कृपा करें। आपके शरीर को छूकर आने वाली वायु कष्ट, रोग और दुःखों को समाप्त कर हमारे मन को असीम सुख प्रदान कर रही है।"

उनकी बात सुनकर विपश्चित् बोले—"यमदूत! मेरे यहाँ रहने से इन्हें सुख कैसे प्राप्त हो रहा है? मैंने ऐसा कौन-सा कर्म किया था, जिससे इन पापियों पर सुखों की वर्षा हो रही है?"

यमदूत बोला—"राजन! आपने सदा देवताओं, पितृों, अतिथियों और ब्राह्मणों को भोजन करवाने के बाद भोजन किया। आपने तन, मन और धन से उनकी सेवा की। इसलिए आपके शरीर को छूकर बहने वाली वायु सुख प्रदान करने वाली हैं। इसी कारण ही नरक की यातना का इन पापियों पर कोई प्रभाव नहीं होता। आपके पुण्य तेज से इनके कष्ट समाप्त हो गए हैं। आइए, अब यहाँ से चलें। स्वर्ग के द्वार आपके लिए खुल गए हैं। पापी जीवों को यहीं छोड़कर आप स्वर्ग में पुण्य से प्राप्त होने वाले भोगों का आनन्द लीजिए।"

विपश्चित् बोले—"यमदूत! पीड़ित प्राणियों को दुःख से मुक्त करके उन्हें शांति प्रदान करने से जो सुख मिलता है, वह स्वर्ग या ब्रह्मलोक में भी नहीं मिल सकता। यदि मेरे निकट रहने से इन्हें सुख मिलता है, तो मैं अचल होकर यहीं रहूँगा। दुखियों को त्यागकर स्वयं सुख भोगने वाला कभी शांति प्राप्त नहीं कर सकता। इनके सुख के अतिरिक्त मुझे कुछ नहीं चाहिए। मुझे यहीं छोड़कर तुम लौट जाओ।"

तभी वहाँ एक दिव्य विमान प्रकट हुआ, जिसमें से भगवान् विष्णु, इन्द्र, सूर्य, धर्मराज और अन्य देवगण उतरे। वे विपश्चित् को अपने साथ स्वर्ग ले जाने आए थे।

सबसे पहले धर्मराज बोले—"राजन! आपने अपने धर्म का भली-भाँति पालन किया है। दुःख या सुख—किसी भी अवस्था में आपने कभी मेरा अनादर नहीं किया। आपके उन्हीं पुण्यकर्मों के कारण हम आपको स्वर्ग ले जाने आए हैं। आप कृपया इस विमान में सवार हो जाएँ।"

विपश्चित् बोले—"प्रभु! यदि आप मुझे स्वर्गलोक में ले जाना चाहते हैं तो सर्वप्रथम इन जीवों को नरक से मुक्त करने की कृपा करें। इनके उद्धार के लिए मैं अपने समस्त पुण्यों का दान करने को तैयार हूँ।"

तब इन्द्र बोले—"राजन! जिस प्रकार समुद्र के जलकण, आकाश के तारे और वर्षा की धाराएँ असंख्य हैं, उसी प्रकार आपके पुण्य भी अनंत हैं। नरक में पड़े इन जीवों पर कृपा करने से आपका पुण्य लाखों गुना बढ़ गया है। अपनी उदारता के कारण आज आपने और भी ऊँचा स्थान प्राप्त कर लिया है। आपकी दयालुता और धर्मपरायणता से प्रसन्न होकर मैं इन सभी जीवों को नरक की यातना से मुक्त करता हूँ।"

यह कहकर देवराज इन्द्र ने नरक में पड़े उन सभी जीवों को मुक्त कर दिया। विपश्चित् पर फूलों की वर्षा होने लगी और स्वयं भगवान् विष्णु उन्हें विमान में बिठाकर अपने दिव्य धाम ले गए।

•••

36

त्रिदेव

यह कथा महर्षि अत्रि और उनकी पत्नी अनसूया की है जिसके यहाँ ब्रह्मा-विष्णु-महेश ने पुत्र रूप में जन्म लिया। कथा इस प्रकार है—

महर्षि अत्रि को किसी भी सांसारिक वस्तु, राग, द्वेष आदि से लगाव नहीं था। वे सतगुण, तमोगुण एवं रजोगुण से परे थे। जैसे वे थे वैसी ही उनकी पत्नी अनसूया थी।

उनके इन्हीं गुणों से प्रभावित होकर एक बार ब्रह्माजी ने उन्हें श्रेष्ठ संतान उत्पन्न करने के लिए कहा, जिससे कि आगे भी सदाचरण का मार्ग प्रशस्त होता रहे। उनकी बात सुनकर महर्षि अत्रि बोले—"भगवन्! मैं तो आश्रमवासी हूँ। तप करता हूँ और मेरा यही कर्म है। सृष्टि रचना आप कर रहे हैं और संतति को बढ़ाने का कार्य दक्ष प्रजापति।"

तब ब्रह्माजी उन्हें तप करने के लिए कहकर वहाँ से चले गए। महर्षि अत्रि पुनः अपनी तपस्या में लग गए।

उन्होंने घोर तप शुरू कर दिया। उनकी तपस्या से प्रसन्न होकर ब्रह्मा, विष्णु और महेश ने उन्हें प्रत्यक्ष दर्शन दिए। तीनों देवों को एक साथ देखकर महर्षि अत्रि और अनसूया अत्यंत प्रसन्न हुए। वे स्तुति करते हुए बोले—"आज हमारी तपस्या पूर्ण हुई, प्रभु! आप तीनों ने एक साथ दर्शन देकर हमें कृतार्थ कर दिया। अब हमें कुछ भी नहीं चाहिए।"

स्तुति से प्रसन्न होकर त्रिदेव बोले—"महर्षि! आपको कोई वरदान तो अवश्य ही माँगना पड़ेगा जिससे हमारा यहाँ आना सफल हो सके।"

महर्षि बोले—"भगवन्! मैं क्या माँगू? मेरी कुछ इच्छा ही नहीं है। केवल आपके दर्शनों की अभिलाषा थी, वह आज पूरी हो गई।"

किंतु त्रिदेव बार-बार उनसे वरदान माँगने का आग्रह करते रहे।

तब महर्षि बोले—"ठीक है भगवन्! ब्रह्मदेव ने मुझे एक बार सृष्टि रचना का आदेश दिया था। अत: आप तीनों मेरे यहाँ पुत्ररूप में जन्म लें। इससे आपकी आज्ञा का पालन भी हो जायेगा।" त्रिदेव उन्हें अभीष्ट वर देकर चले गए।

कुछ समय पश्चात् अनसूया ने ब्रह्माजी के अंश से चन्द्रमा, विष्णुजी के अंश से दत्तात्रेय तथा शिवजी के अंश से दुर्वासा को जन्म दिया।

ऋषि-मुनि सहस्रों वर्षों तक कठोर तप करके भी भगवान् का दर्शन नहीं कर पाते और महर्षि अत्रि के आँगन में ही त्रिदेव बाल लीलाएँ करते घूम रहे थे। उन्हें देखकर, उनकी बाल लीलाओं को सराहते हुए महर्षि अत्रि व अनसूया प्रसन्न होते रहते।

युग बदलते रहे। त्रेतायुग में वनवास के समय जब भगवान् श्रीराम—लक्ष्मण और सीता सहित अत्रि आश्रम में पहुँचे तो अत्रि एक बार पुन: अपने तपकर्मों का फल पा गए। सीता के शरीर पर माता अनसूया ने प्रभावशाली लेप किया जिससे वन का कोई दुष्प्रभाव उनके शरीर पर न पड़े। महर्षि अत्रि के आग्रह पर श्रीराम ने दण्डकारण्य के अन्य अनेक ऋषि-मुनियों को दर्शन देकर कृतार्थ किया।

इस प्रकार महर्षि अत्रि एवं अनसूया ने अपने जीवनकाल में त्रिदेवों के दर्शन तो किए ही; साथ ही उन्हें पुत्ररूप में प्राप्त किया। उन्हें भगवान् विष्णु के 'राम अवतार' के दर्शन का भी सौभाग्य मिला।

यह सब उनके तप का प्रभाव था। वे सप्त ऋर्षियों में से एक हैं और आकाश में दैदिप्यमान हैं। •••

37

सही मार्ग

नन्द्रभद्र नामक एक वैश्य बड़ा धार्मिक व्यक्ति था। उसके धार्मिक कार्यों के कारण लोग उसे धर्म का अवतार कहने लगे थे। उसके पड़ोस में सत्यव्रत नामक एक शूद्र रहता था जो बड़ा पापी और दुराचारी था। वह नन्द्रभद्र से ईर्ष्या करता था और सदा उसका बुरा चाहता था।

एक बार नन्द्रभद्र के ऊपर विपत्तियों का पहाड़ टूट पड़ा। उसके एकमात्र पुत्र का देहान्त हो गया और कुछ दिनों बाद पत्नी भी चल बसी। उसने सोचा—"पत्नी के बिना अब गृहस्थ धर्म का पालन कैसे करूँगा?"

एक दिन अवसर देखकर सत्यव्रत नन्द्रभद्र से बोला—"मित्र! बहुत दिनों से मैं एक बात कहना चाहता था; आज अवसर है, सुनो। तुम जो धर्म पालन की बात करके इन पत्थर की मूर्तियों को पूजते हो, देखो इन्होंने तुम्हारे पुत्र और पत्नी तुमसे छीन लिए। इस संसार में कोई भगवान नहीं है। यज्ञ करना, दान करना, ब्राह्मणों को भोजन करवाना—ये सब कुचक्र ब्राह्मणों ने अपने भरण-पोषण के लिए बनाए हैं। यदि भगवान होता तो वह सबको दिखाई देता। इसलिए मेरी बात मानो और पाप-पुण्य का चक्कर छोड़ कर मेरे साथ मौज करो।"

नन्दभद्र ने उसकी बात सुनी और शांत स्वर में बोला—"मित्र! तुम जो कह रहे हो, वह असत्य है। क्योंकि जन्म, मृत्यु, सुख, दुख तो शाश्वत सत्य है। इसलिए धर्म का पालन करवा ही श्रेष्ठ है। यदि पापकर्म अच्छे हैं तो कोई आपके घर में घुसकर आपका अहित करेगा तो क्या आप उसे नहीं भगाएँगे? आपने कहा, पत्थरों की पूजा करना व्यर्थ है। यदि कोई व्यक्ति अंधा है तो वह जल, सूर्य, चन्द्र आदि को कैसे देखेगा? बड़े-बड़े देवता, महर्षि, ऋषि, मुनि आदि सभी भगवान की आराधना कर उनके दर्शन के लिए लालयित रहते हैं। सभी स्थानों पर प्राचीनकाल से देव मूर्तियाँ स्थापित हैं; पूजनीय हैं। क्या वे सभी मूर्ख हैं जो इनकी पूजा करते हैं? ईश्वर ऐसे ही किसी को दर्शन नहीं देते; कठिन तपस्या करके ही उनके दर्शन प्राप्त होते हैं। ब्राह्मण मनुष्यों में श्रेष्ठ हैं, इसलिए उनको भोजन करवाया जाता है; दान-दक्षिणा दी जाती है। आपने तो मूर्खों की तरह बात की है। यह बात कहने वाले आप ही एक मात्र व्यक्ति हैं।"

नन्द्रभद्र की बात सुनकर सत्यव्रत की आँखें खुल गईं और वह समझ गया कि धर्म का पालन ही सर्वोपरि है। इसके बाद नंदभद्र के चरणों में गिरकर वह क्षमा याचना करने लगा। नन्दभद्र ने उसे गले से लगा लिया। तत्पश्चात् वह भी धर्मानुसार कार्य करने लगा।

इस प्रकार नन्द्रभद्र ने एक मूर्ख ओर अधर्मी को धर्मपालन का पाठ पढ़ाकर सही मार्ग दिखाया।

•••

38

भक्त प्रह्लाद

प्रह्लाद दैत्यराज हिरण्यकशिपु का पुत्र था लेकिन वह भगवान् विष्णु का परम भक्त था। उसकी प्रभु भक्ति के कारण हिरण्यकशिपु की चिंता बढ़ती जा रही थी। उसने प्रह्लाद को दैत्यगुरु शुक्राचार्य के आश्रम में शिक्षा के लिए भेजा। वहाँ उसने सभी कुछ सीख लिया लेकिन फिर भी प्रभु भक्ति के अतिरिक्त उसका मन कहीं नहीं लगता था।

प्रह्लाद अन्य दैत्यकुमारों को अपने पास बुलाकर उन्हें सदाचार का पाठ पढ़ाता और भगवान का ध्यान करने को कहता। वे उसकी बातें ध्यान सुनते और उससे पूछते—"प्रह्लाद! राक्षसों के कुल में जन्म लेने

के बाद भी तुम्हें ईश्वरीय ज्ञान की बातें कैसे मालूम हुईं?"

तब प्रह्लाद बताता—"मेरे चाचा हिरण्याक्ष की मृत्यु के बाद अमरता का वरदान प्राप्त करने के लिए मेरे पिता तपस्या में लीन हो गए। देवताओं को यह बात ज्ञात हुई तो उन्होंने उचित अवसर जानकर दैत्यपुरी पर आक्रमण कर दिया और दैत्यों को मार भगाया। महल में केवल मेरी माता कयाधु रह गईं। देवराज इन्द्र ने मेरी माता को बंदी बना लिया और उन्हें स्वर्ग में ले जाने लगे। उस समय मेरी माता गर्भवती थीं। मार्ग में उन्हें देवर्षि नारद मिले। उन्होंने इन्द्र से मेरी माता को छोड़ देने का अनुरोध किया। लेकिन इन्द्र ने यह कहते हुए नारदजी की बात मानने से इंकार कर दिया कि 'इसके गर्भ में दैत्यराज का पुत्र है। जब वह जन्म लेगा तो वे उसे मार देंगे।' तब नारदजी ने उन्हें समझाया कि 'कयाधु के गर्भ में कोई साधारण बालक नहीं है। वह भगवान् श्रीहरि का परम भक्त होगा जो संसार में भक्त प्रह्लाद के नाम से प्रसिद्ध होगा। तुम इसका तनिक भी नुकसान नहीं कर सकते।' नारदजी की बात सुनकर देवराज इन्द्र ने मेरी माता कयाधु की परिक्रमा कर गर्भ को प्रणाम किया और वहाँ से चले गए। तब देवर्षि नारद मेरी माता को अपने आश्रम में लाकर उनका पुत्रीरूप में पालन करने लगे। मेरी माता आश्रम में रहने लगीं। देवर्षि नारद उन्हें भगवद् भक्ति का पाठ पढ़ाते। उन्होंने जो उपदेश दिए वे मैंने गर्भ में ही सुन लिए। मेरी माता तो उन उपदेशों को भूल गईं। लेकिन देवर्षि नारद की कृपा से मुझे वे सभी याद रहे और वही मैं तुम सब लोगों को सुनाता हूँ।"

इस प्रकार प्रह्लाद ने अपनी माता के गर्भ में ही सभी उपदेश सुने और याद रखे। अपनी भक्ति के कारण आगे चलकर वह भगवान् विष्णु के प्रिय भक्त के रूप में विख्यात हुआ।

•••

39

बेटे का सिर

यह कथा धर्मात्मा रुक्मांगद की है जिन्हें परिस्थितिवश अपने पुत्र का सिर काटना पड़ गया था लेकिन ऐसा फिर करने से वे बच गए। यह कथा इस प्रकार है—

प्राचीन समय की बात है, अयोध्या के राजा ऋतध्वज के रुक्मांगद नामक एक पुत्र थे। वे बड़े धर्मात्मा पुरुष थे। उनकी पत्नी विंध्यावती पतिव्रता और धार्मिक थी। रुक्मांगद का धर्मांग्दक नामक एक पुत्र था जो पिता के समान ही दयालु, वीर और बलशाली था।

रुक्मांगद निष्ठा व नियम-धर्म से एकादशी का व्रत करते थे। उनके राज्य में एकादशी का व्रत करना अनिवार्य था। बालक से लेकर वृद्ध तक सभी यह व्रत करते थे। व्रत न करने वालों को दंड दिया जाता था। रोगी और गर्भवती स्त्रियाँ इसके लिए बाध्य नहीं थे। इस व्रत के प्रभाव से कोई भी प्राणी यमलोक नहीं पहुँचता था। इससे यमराज चिन्तित हो गए कि इस प्रकार तो यमलोक की व्यवस्था ही खंडित हो जाएगी। तब उन्होंने मोहिनी नामक एक अप्सरा को राजा रुक्मांगद को वश में करने के लिए भेजा।

एक बार राजा रुक्मांगद आखेट के लिए गए। शिकार का पीछा करते-करते वे सैनिकों से बिछड़ गए। शिकार उनकी आँखों से ओझल हो गया था और वे बहुत थक भी गए थे। इसलिए वे वही रुककर विश्राम करने लगे। तभी उन्हें मोहनी दिखाई दी। रुक्मांगद एकटक उसे देखने लगे। वह इतनी सुंदर थी कि उनके मन में उससे विवाह का विचार आया और उन्होंने अपनी इच्छा प्रकट कर दी।

मोहिनी इसी अवसर की प्रतीक्षा में थी, वह बोली—"राजन! मैंने तीनों लोकों में आपकी प्रशंसा सुनी है और स्वयं भी आपसे विवाह करने को आतुर हूँ। किंतु विवाह से पूर्व आपको यह वचन देना होगा कि आप वही करेंगे जो मैं चाहूँगी।"

रुक्मांगद काम के अधीन हो चुके थे, उन्होंने उसकी शर्त स्वीकार कर ली और उसे लेकर नगर लौट आए। महल में महारानी विंध्यावती और राजकुमार धर्मांग्दक ने उनका स्वागत किया और वे बिना किसी भेदभाव के साथ-साथ रहने लगे।

कुछ दिनों के बाद एकादशी का दिन आया। रुक्मांगद व्रत की तैयारी करने लगे। जब मोहिनी को पता चला तो वह बोली—"महाराज! मेरी इच्छा है कि आप और प्रजाजन एकादशी का व्रत न करें। विवाह से पूर्व आपने मेरी प्रत्येक बात पूरी करने का वचन दिया था। इसलिए आप मेरी यह इच्छा पूर्ण करें।"

रुक्मांगद आश्चर्यचकित होकर बोले—"यह तुम क्या रही हो मोहिनी? हम यह व्रत वर्षों से करते आ रहे हैं। इसी कारण भगवान् विष्णु की हमारे राज्य पर विशेष कृपा रही है। यह व्रत समस्त पापों का

नाश करने वाला है। इसे त्यागने के विषय में हम सोच भी नहीं सकते। इसलिए तुम इसके अतिरिक्त कुछ और माँग लो, हम उसे अवश्य पूरा करेंगे।"

मोहिनी बोली—"ठीक है राजन! यदि आप मेरी इच्छा पूरी करने के लिए एकादशी व्रत नहीं छोड़ सकते तो अपने पुत्र धर्मांग्दक का मस्तक काट कर मुझे दे दें।"

मोहिनी की बात सुनकर राजा रुक्मांगद पर मानो वज्राघात हुआ और वे सन्न रह गए।

जब धर्मांग्दक ने यह सुना तो वह पिता के पास आया और विनम्र स्वर में बोला—"पिताश्री! कितने सौभाग्य की बात है कि मैं आपके किसी काम आऊँ। आप कदाचित् भगवान् विष्णु के प्रिय व्रत का अनादर न करें। आपको कई पुत्र मिल सकते हैं, किंतु भगवान् विष्णु की भक्ति और कृपा प्राप्त करना असंभव है। इसलिए आप निश्िंचत होकर माता की इच्छा पूर्ण करें।"

इस प्रकार उसने अपने माता-पिता को समझाकर बलि के लिए तैयार कर लिया। फिर जैसे ही राजा रुक्मांगद ने पुत्र की गर्दन काटने के लिए तलवार उठाई वैसे ही वहाँ भगवान विष्णु साक्षात् प्रकट हो गए। वे रुक्मांगद, धर्मांग्दक और उनकी माता विंध्यावती को अपने साथ वैकुंठ लोक ले गए।

•••

40

पत्थर से प्रकटे गणेश

सिन्धु देश के पल्ली नगर में कल्याण नामक एक धनी व्यक्ति निवास करता था। उसकी पत्नी का नाम इंदुमती था। उनके विवाह को बहुत समय हो गया था किंतु अभी तक उन्हें कोई संतान नहीं हुई थी। उन्होंने भगवान् से पुत्र प्रदान करने की प्रार्थना की। उनकी प्रार्थना से प्रसन्न होकर भगवान् ने उन्हें पुत्र प्रदान कर दिया। पुत्र-जन्मोत्सव पर कल्याण ने याचकों को अन्न, धन और वस्त्रों का दान दिया। बालक का नाम बल्लाल रखा गया। धीरे-धीरे बल्लाल बड़ा होने लगा।

एक दिन वह अपने मित्रों से बोला—"गणेशजी की पूजा करने से सारे कष्ट मिट जाते हैं। चलो, हम भी उनकी पूजा करें।"

यह कहकर उसने एक पत्थर को गणपति के रूप में प्रतिष्ठित किया और उसकी विधिवत् पूजा की। फिर वे पुराणों पर वार्ता करने लगे।

अब बल्लाल सहित सभी बालक अधिकतर समय वन में ही बिताते और संध्या के समय घर पहुँचते। यह देखकर कुछ लोगों ने कल्याण से शिकायत की कि यदि उसे अपने पुत्र को वन में भेजना है तो भेजे, किंतु बल्लाल उनके पुत्रों को न ले जाए। अन्यथा वे राजा से उसकी शिकायत कर देंगे।"

उसी दिन कल्याण बल्लाल के पीछे वन तक गया। वहाँ उसे और अन्य बालकों को एक पत्थर की पूजा करते देख वह आश्चर्यचकित रह गया। उसने उसे अपने पास बुलाया और कहा—"पुत्र! यह केवल पत्थर का एक टुकड़ा है, गणपति तो हमारे हृदय में स्थापित हैं। अतः तुम इस पत्थर को फेंककर घर चलो।"

बल्लाल बोला—"पिताश्री! आप ठीक कह रहे हैं, लेकिन मैं इन्हें ही गणपति मानता हूँ। मेरे लिए यही गणेशजी हैं। मैं इन्हें नहीं छोड़ सकता।"

यह सुनकर कल्याण को क्रोध आ गया और उसने बल्लाल की पिटाई कर दी। यह देखकर अन्य सभी बालक भाग खड़े हुए। जब बल्लाल किसी भी तरह कल्याण की बात मानने को तैयार नहीं हुआ तो कल्याण ने उसे पेड़ से बाँध दिया और बोला—"यदि तुम इस पत्थर को गणेश मानते हो तो वे प्रकट होकर तुम्हें खोल देंगे।" यह कहकर वह अपने घर चल दिया।

बल्लाल ने अपने पिता को जाते देखा और मन ही मन कहा कि गणेश उसके सबकुछ हैं। वे कुछ भी कर सकते हैं। वे सिद्धिविनायक, विघ्न विनाशक हैं। उसका यह सोचना ही था कि पत्थर में से गणपति प्रकट हो गए। उन्होंने बल्लाल के बंधन खोल दिए और आशीर्वाद देकर अंतर्धान हो गए।

इस प्रकार सच्ची निष्ठा और भक्तिभाव ने पत्थर में से भी गणपति को प्रकट होने के लिए बाध्य कर दिया। इसलिए कहा गया है—

जाकि रही भावना जैसी,
प्रभु मूरत तिन देखी तैसी।

41

कलियुग श्रेष्ठ

एक बार की बात है, ऋषि-मुनि इस बात पर विचार कर रहे थे कि किस युग में धर्म का सबसे अधिक लाभ होता है। बात ने विवाद का रूप ले लिया तब उन्होंने निर्णय लिया कि इसका समाधान महर्षि व्यास से पूछा जाए। वे व्यासजी के पास चल दिए।

उस समय महर्षि व्यास गंगा में स्नान कर रहे थे। उन्होंने जब ऋषि-मुनियों को आते देखा तो ज़ोर से बोले—"कलियुग ही सर्वश्रेष्ठ है, शूद्र ही श्रेष्ठतम हैं।" यह कहकर उन्होंने जल में एक डुबकी लगाई और पुन: बोले—"स्त्रियाँ ही साधु हैं; वे ही सबसे धन्य हैं।"

जब व्यासजी स्नान करके हटे तब ऋषि-मुनि बोले—"महर्षि! आपने अभी जो कहा है, कृपया उसका अर्थ बताकर हमें कृतार्थ करें।"

व्यासजी बोले—"दस वर्ष के तप, धर्माचरण एवं ब्रह्मचर्य का पालन करने पर जो फल सतयुग में मिलता है, वही फल त्रेतायुग में एक वर्ष में, द्वापर युग में एक माह में और कलियुग में मात्र एक दिन में मिल जाता है। क्योंकि कलियुग में भगवान् विष्णु के नाम लेने मात्र से ही सभी पाप नष्ट हो जाते हैं, अतः कलियुग श्रेष्ठ है। शूद्र के श्रेष्ठतम होने का कारण यह है कि द्विजातियों को वेदाध्ययन के लिए ब्रह्मचर्य का पालन करना पड़ता है जिसमें उन्हें अनेक अनुष्ठानादि करने पड़ते हैं किंतु शूद्र व्यक्ति ब्राह्मण को भोजन करवाकर, दान-दक्षिणा देकर यह पुण्य सहज ही प्राप्त कर लेते हैं। इसलिए शूद्र श्रेष्ठ हैं। इसी प्रकार जब स्त्रियाँ अपने पति की निष्ठाभाव से सेवा करती हैं तो वे पुण्य प्राप्त कर लेती हैं इसलिए स्त्रियाँ धन्य हैं।"

इस प्रकार महर्षि व्यास ने ऋषि-मुनियों की शंका का निवारण किया।

•••

42

अष्टावक्र

अष्टावक्र अभी अपनी माता के गर्भ में थे तब उनके पिता एक यज्ञ कर रहे थे। यज्ञ के समय उनके पिता ने एक पाठ अशुद्ध बोल दिया। तब वे गर्भ में से ही बोले—"पिताजी! आप यह पाठ अशुद्ध बोल रहे हैं।"

यह सुनते ही उनके पिता क्रोधित होकर उन्हें शाप देते हुए बोले—"दुष्ट! तू तो पैदा होने से पहले ही उद्दण्डी है। जा, मैं शाप देता हूँ कि तू आठ जगह से टेढ़ा पैदा हो।"

इसी शाप के कारण अष्टावक्र का शरीर आठ स्थानों से टेढ़ा-मेढ़ा था। किंतु बाल्यकाल से ही वे बड़े विद्वान और परम तपस्वी थे। वेदों और अन्य धार्मिक ग्रंथों का उन्होंने छोटी आयु में ही गहन अध्ययन कर लिया था।

एक बार की बात है, मिथिला के राजा जनक के एक दरबारी ब्राह्मण ने विद्वानों को शास्त्रार्थ के लिए चुनौती दी। उसने घोषणा करवा दी

थी कि जो उसे शास्त्रार्थ में हरा देगा, वह उसे अभिलषित वस्तु प्रदान करेगा और स्वयं जल-समाधि ले लेगा। अन्यथा शास्त्रार्थ में पराजित होने वाले को जल में डुबो दिया जाएगा।

जगह-जगह से अनेक विद्वान और ज्ञानी उससे शास्त्रार्थ करने आए, लेकिन उसे पराजित नहीं कर सके। जो विद्वान हारते जाते थे, उन्हें जल में डुबो दिया जाता था। इसी शास्त्रार्थ में अष्टावक्र के मामा और पिता भी हार गए और उन्हें जल-समाधि लेनी पड़ी।

जब यह सूचना अष्टावक्र को मिली तो उन्होंने मिथिला जाकर उस ब्राह्मण का अहंकार चूर करने का निश्चय किया। अभी वे मात्र बारह वर्ष के थे। माता ने उन्हें रोकने का प्रयास किया। किंतु वे अपने निश्चय पर अटल रहे। उनके हठ को देखकर माता ने उन्हें जाने की आज्ञा दे दी।

कुछ दिनों की यात्रा के बाद वे मिथिला पहुँच गए। जब वे राजा जनक के दरबार में पहुँचे तो उनका टेढ़ा-मेढ़ा शरीर देखकर सभाजन उपहास करने लगे।

यह देखकर अष्टावक्र शांत स्वर में बोले—"राजन! मैंने आपके दरबार की बड़ी प्रशंसा सुनी थी। सुना था कि आपके दरबार में एक से बढ़कर एक विद्वान और ज्ञानी हैं। लेकिन यहाँ तो मुझे केवल चर्मकार ही दिखाई दे रहे हैं।"

अष्टावक्र की बात सुनते ही सभाजन को साँप सूँघ गया। वे विस्मित होकर अष्टावक्र को देखने लगे। तब जनक बोले—"मुनिकुमार! ये आप क्या कह रहे हैं? इस सभा में उपस्थित सभी व्यक्ति परम विद्वान और शास्त्रों के ज्ञाता हैं। इन जैसे ब्रह्मज्ञानी और आत्मज्ञानी बड़े दुर्लभ हैं। फिर किस आधार पर इन्हें चर्मकार कह रहे हैं आप?"

अष्टावक्र बोले—"महाराज! सच्चे आत्मज्ञानी और ब्रह्मज्ञानी केवल वे हैं जो आत्मा के स्वरूप को जानते हैं और आत्मा शुद्ध और विकारहीन होती है। महाराज! मुझमें भी वही आत्मा विद्यमान है। किंतु जिस प्रकार एक चर्मकार को आत्मा से कोई मतलब नहीं होता, उसे केवल जीव का चर्म ही प्रिय होता है, उसी प्रकार आपके सभा के विद्वान भी मेरी आत्मा के वास्तविक स्वरूप को जानने की अपेक्षा मेरे चर्म (चमड़ी) को देख उपहास कर रहे हैं। इसलिए मैंने इन्हें चर्मकार कहा है। क्योंकि इन्हें चर्म का ज्ञान है, आत्मा का नहीं।"

बारह वर्षीय अष्टावक्र के मुख से ज्ञान का इतना गूढ़ कथन सुनकर

जनक विस्मित रह गए और सभाजन पश्चाताप से भर गए। वे जान गए कि अष्टावक्र बालक अवश्य हैं, किंतु परम ज्ञानवान हैं। तब उन्होंने उनका यथोचित आदर-सत्कार किया और वहाँ आने का प्रयोजन पूछा।

अष्टावक्र बोले—"महाराज! मैं यहाँ शास्त्रार्थ करने आया हूँ। कृपया मुझे आज्ञा प्रदान करें।"

जनक बोले—"मुनिकुमार! यह ठीक है कि आप परम विद्वान और विलक्षण प्रतिभा से सम्पन्न हैं, किंतु शास्त्रार्थ के लिए आपकी आयु बहुत कम है। शायद आपको यह ज्ञात नहीं है कि पराजित व्यक्ति को जल में डुबो दिया जाता है। अत: आप शास्त्रार्थ में भाग लिए बिना ही मनोवांछित वर माँग लें, मैं उसे अवश्य पूर्ण करूँगा।"

जनक की बात सुनकर अष्टावक्र विनम्र स्वर में बोले—"महाराज! मैं यहाँ भिक्षुक या याचक के रूप में नहीं आया और न ही मुझे सांसारिक वस्तुओं की इच्छा है। मैं तो केवल उस ब्राह्मण से शास्त्रार्थ करना चाहता हूँ जिसने अपने अहम की संतुष्टि के लिए न जाने कितने निर्दोष व्यक्तियों को काल का ग्रास बना दिया है। इसलिए आप मुझे शास्त्रार्थ करने की आज्ञा दीजिए।"

जनक ने अष्टावक्र को समझाने के अनेक प्रयास किए, किंतु वे अपने निश्चय से नहीं डिगे। अंत में उन्हें उनके हठ के आगे झुकना पड़ा। उन्होंने शास्त्रार्थ की आज्ञा दे दी। मन-ही-मन उन्हें यह दु:ख कचोट रहा था कि उनकी सभा में आज एक बालक काल का ग्रास बन जाएगा।

शास्त्रार्थ आरम्भ हुआ। देखते-ही-देखते राजा जनक और सभाजन की आशाओं के विपरीत अष्टावक्र ने ब्राह्मण को पराजित कर दिया।

विजयी अष्टावक्र बोले—"अब आपको जल-समाधि लेनी होगी।"

तब ब्राह्मण बोला—"मुनिकुमार! आपकी विद्वता से मैं बहुत प्रसन्न हूँ। किंतु मैं जल में नहीं डूब सकता क्योंकि मैं वरुणदेव का दूत हूँ। महाराज! वरुणदेव को यज्ञ के लिए श्रेष्ठ ऋषि-मुनियों की आवश्यकता थी। इसलिए मैंने जल मार्ग से सभी श्रेष्ठ विद्वानों को उनका यज्ञ पूर्ण करवाने के लिए भेजा था। अब यज्ञ समाप्त हो गया है और मैं उन सभी को आपके समक्ष उपस्थित करना चाहता हूँ।"

इसके बाद वरुणलोक जाकर वह सभी व्यक्तियों को वापस ले आया। सभी ने अष्टावक्र की जय-जयकार की। पुत्र के महान कार्य को सुनकर उसके पिता भी भावविभोर हो गए और उन्होंने उसे हृदय से लगा लिया।

43

परम धाम

द्वापरयुग की बात है, कुरुक्षेत्र में महर्षि मुद्‌गल निवास करते थे। वे बड़े विद्वान, धर्मात्मा, तपस्वी और दयालु थे। इन्द्रियों पर उनका पूरा नियंत्रण था। वे अन्न की बालियों को बीनते और उनसे अन्न निकालकर अपना और अपने परिवार का भरण-पोषण करते थे।

महर्षि मुद्‌गल और उनका परिवार महीने में केवल दो बार—अमावस्या एवं पूर्णिमा को भोजन करते थे, वह भी अतिथि को खिलाने के बाद बचे भोजन से। यही कारण था कि उनका यश दिनों-दिन बढ़ता जा रहा था।

एक बार की बात है, दुर्वासा ऋषि ने उनकी परीक्षा लेने का विचार किया। वे पूर्णिमा के दिन महर्षि मुद्‌गल के घर अतिथि-रूप में पहुँचे और उनका जितना भोजन था सभी खा गए। दुर्वासा ऋषि उनके घर लगातार छः पूर्णिमा तक गए। इस प्रकार महर्षि मुद्‌गल का परिवार जो पन्द्रह दिन में केवल एक ही बार भोजन करता था, तीन माह तक भोजन के बिना रहा। किंतु फिर भी महर्षि मुद्‌गल के मन में कभी द्वेष की भावना अथवा दुर्वासा को भगाने का विचार तक नहीं आया।

दुर्वासा ऋषि उनके अतिथि-सत्कार से बहुत प्रसन्न हुए। वे मुद्‌गल ऋषि से बोले—"मुनिवर! भूख ऐसा कारण है जिससे वशीभूत होकर मनुष्य—धर्म, ज्ञान और धैर्य को त्याग देता है। प्राण भोजन पर निर्भर हैं, भोजन के बिना प्राण नष्ट हो जाते हैं। किंतु आपका इन्द्रियों पर पूर्ण नियंत्रण है। इन्द्रियों को वश में करना ही तप कहलाता है। आप सभी गुणों से संपन्न हैं इसलिए अपने कर्मों के कारण आज आपने त्रिलोक पर विजय प्राप्त कर ली है। ऐसा करके आपने परमपद भी पा लिया है।"

तभी एक देवदूत वहाँ दिव्य विमान सहित उपस्थित हुआ और महर्षि मुद्‌गल से बोला—"मुनिवर! आपके पुण्यकर्मों के कारण मैं आपको स्वर्ग ले जाने आया हूँ। कृपया विमान में पधारे।"

तब महर्षि मुद्‌गल ने देवदूत से स्वर्ग और ब्रह्मलोक के गुण-दोषों का वर्णन करने को कहा। देवदूत ने सविस्तार वर्णन कर दिया।

तब महर्षि मुद्‌गल बोले—"देवदूत! आप स्वागत योग्य हैं, मैं आपका आदर-सत्कार करता हूँ। मुझे स्वर्गलोक या ब्रह्मलोक जाने की कोई इच्छा नहीं है। कृपया आप लौट जाएँ। मुझे तो केवल उस परमधाम को प्राप्त करने की अभिलाषा है जो कि विनाश से रहित हो।"

यह कह उन्होंने देवदूत को खाली लौटा दिया।

•••

44

हरि नाम की महिमा

प्राचीन समय की बात है, कान्यकुब्ज (कन्नौज) नामक नगर में एक ब्राह्मण रहता था। उसका नाम अजामिल था। वह बाल-ब्रह्मचारी, विनयी, जितेन्द्रिय, सत्यनिष्ठ, मंत्रवेत्ता और शुद्ध हृदय का स्वामी था। वह सदा पिता, गुरुजन और वृद्धों की सेवा में तत्पर रहता था।

एक बार पिता की आज्ञा से वह वन में गया और वहाँ से फल-फूल एकत्रित कर घर की ओर चल पड़ा। मार्ग में उसकी दृष्टि एक शूद्र पर पड़ी, जो शराब के नशे में चूर होकर एक वेश्या के साथ मनोरंजन कर रहा था। उसे इस अवस्था में देख अजामिल मोहित होकर काम के अधीन हो गया। उसने मन पर नियंत्रण रखने का बड़ा प्रयास किया, किंतु असफल रहा। उसकी सदाचार और ज्ञान-संबंधी चेतना नष्ट हो गई। मन-ही-मन उस वेश्या का चिंतन कर वह अपने धर्म से विमुख हो गया।

अब वह उस वेश्या को प्रसन्न करने के लिए सुंदर-सुंदर वस्त्र एवं रत्नाभूषण ले जाने लगा। यहाँ तक कि उसने अपने पिता की सारी सम्पत्ति उस दुष्टा पर लुटा दी। पुत्र का पतन देख पिता अधिक दिनों तक जीवित नहीं रहा। पिता की मृत्यु के बाद अजामिल का साहस और भी बढ़ गया। उसने उस वेश्या के प्रेम में फँसकर अपनी सुंदर और पतिव्रता पत्नी का भी परित्याग कर दिया।

चरित्रहीन होने के कारण उसका सदाचार नष्ट हो गया। उसकी शास्त्र विद्या और ज्ञान समाप्त हो गया। उसके सामने धन का अभाव उत्पन्न हुआ तो वह दुष्कर्म करने लगा। कभी वह यात्रियों को लूट लेता, कभी कपट द्वारा लोगों का धन हड़प लेता। धीरे-धीरे उसकी गिनती चोरों और

डाकुओं में होने लगी। इस प्रकार दुष्कर्मों द्वारा वह अपने परिवार का पालन-पोषण करने लगा। उसकी आयु का अधिकांश भाग दुष्कर्म करते हुए ही बीत गया।

अजामिल के दस पुत्र थे। सबसे छोटे का नाम नारायण था। वह उसे बड़ा प्रेम करता था। पुत्र के स्नेह बंधन में वह इतना बँध गया था कि अंत समय में भी वह 'नारायण, नारायण' पुकारता रहा।

अंत समय में अजामिल ने देखा कि उसे ले जाने के लिए यमराज के तीन दूत आए हैं; उनके भयंकर एवं विकराल मुख, विशालकाय शरीर और हाथों में पाश देखकर वह व्याकुल हो गया। यमदूतों ने उसे घेर लिया। उस समय बालक नारायण उसके निकट ही खेल रहा था। तब वह भयभीत होकर उसे पुकारते हुए 'नारायण, नारायण' चिल्लाने लगा।

जब भगवान् विष्णु के पार्षदों ने देखा कि अजामिल मरते समय उनके स्वामी भगवान् नारायण का नाम ले रहा है, तो वे शीघ्रता से वहाँ आ पहुँचे।

विष्णु-पार्षदों के शरीर पर पीताम्बर और दिव्य आभूषण सुशोभित थे। उनके सिर पर मुकुट, कानों में कुंडल और गले में सुंदर हार थे। भगवान् विष्णु के समान उनकी चार भुजाएँ थीं, जिनमें गदा, शंख, कमल, चक्र आदि सुशोभित थे। उनके मुख—तेज से आलोकित होकर अत्यंत सौम्य और मनोहारी प्रकट हो रहे थे। उस समय यमदूत अजामिल के शरीर से उसके प्राण खींच रहे थे। विष्णु-पार्षदों ने उन्हें बलपूर्वक रोक दिया।

कार्य में विघ्न उत्पन्न होने पर यमदूत क्रोधित होकर बोले—"अरे दुष्टों! तुम किसके दूत हो और कहाँ से आए हो? हमारे कार्य में विघ्न डालने का तुम्हारा साहस कैसे हुआ? तुम्हें मृत्युरूपी यमराज का भय नहीं? भला चाहते हो तो शीघ्र यहाँ से लौट जाओ।"

उनकी बात सुनकर विष्णु-पार्षद मुस्कराते हुए बोले—"यमदूतों! यदि तुम सचमुच यमराज के आज्ञाकारी हो तो हमें धर्म का लक्षण और तत्त्व बताओ। दण्ड किस प्रकार दिया जाता है? दंड का पात्र कौन है? कौन-सा कर्म करने पर दंड देना चाहिए? मनुष्यों में सभी पापी दण्ड के योग्य हैं अथवा केवल कुछ ही?"

यमदूत बोले—"वेद स्वयं भगवान् के स्वरूप हैं, इसलिए उनमें जिन कर्मों को श्रेष्ठ बताया गया है, वे धर्म कहलाते हैं और जिन कर्मों को निषेध किया गया है, वे अधर्म कहलाते हैं। जीव अपने शरीर अथवा मनोवृत्तियों द्वारा जितने कर्म करता है, उनके साक्षी सूर्य, चंद्रमा, अग्नि, आकाश, जल, पृथ्वी, दिशाएँ, वायु आदि होते हैं। इनके द्वारा अधर्म का पता चल जाता है और तब दंड के पात्र का निर्णय होता है। मनुष्य अपने कर्मों द्वारा दंडनीय होते हैं। इस लोक में जो मनुष्य जिस प्रकार का और जितना धर्म या अधर्म करता है, परलोक में वह वैसा ही फल भोगता है। यह अजामिल बड़ा पापी और दुराचारी था। इसने काम के वशीभूत होकर अपने धर्म का त्याग कर दिया। अतः हम इसे भगवान् यमराज के पास ले जाएँगे, जहाँ अपने पापों का दंड भोगकर यह शुद्ध हो जाएगा।"

तब विष्णु-पार्षद बोले—"यमदूतों! यह ब्राह्मण अपने सभी जन्मों के पापों का प्रायश्चित करके कल्याण का पात्र बन गया है, क्योंकि इसने अनजाने में ही सही; भगवान् नारायण के नाम का स्मरण किया है। भगवान् नारायण का नाम लेने वालों के सभी पाप समाप्त हो जाते हैं। भगवान् का नाम जपने से पुण्य फल अवश्य प्राप्त होता है।"

यह कहकर विष्णु-पार्षदों ने अजामिल को यमदूतों के पाश से मुक्त कर पुनर्जीवित कर दिया। वह पुनः स्वस्थ हो गया। उसकी सद्बुद्धि जागृत हो गई।

अपने पापों को याद करके उसे बड़ा पश्चाताप होने लगा। उसके मन में वैराग्य उत्पन्न हो गया। तदंतर वह अपना घर-परिवार त्यागकर हरिद्वार चला गया और स्वयं को विषय-भोगों से हटाकर भगवान् विष्णु के चरणों में लीन हो गया।

इस प्रकार कठोर तप करते हुए अनेक वर्ष बीत गए। अंत में जीवन-मृत्यु के चक्र से मुक्त होकर वह भगवान् विष्णु द्वारा भेजे गए विमान में बैठकर उनके परमधाम को सिधार गया। यह था भगवान् विष्णु के नाम स्मरण का फल।

हरि नाम की महिमा अपरम्पार है। इसलिए कहा गया है—'हरि नाम जपे जा, जीवन नैया पार किए जा।'

•••

45

ब्रह्मर्षि विश्वामित्र

कुशवंश के महाराज गाधि का विश्वामित्र नामक एक पुत्र था। आगे चलकर यही विश्वामित्र प्रजापालक एवं धर्मात्मा राजा हुए।

एक बार की बात है, विश्वामित्र सेनासहित आखेट पर निकले। मार्ग में उन्हें महर्षि वसिष्ठ का आश्रम दिखाई दिया। वे वहाँ पहुँचे। महर्षि वसिष्ठ ने उनका स्वागत किया और आतिथ्य स्वीकार करने की प्रार्थना की।

तब विश्वामित्र बोले—"मुनिवर! मैं अकेला नहीं हूँ। मेरे साथ मेरे हज़ारों सैनिक भी हैं। आपने अभी जो सत्कार किया है, हमारे लिए वही बहुत है।"

लेकिन महर्षि वसिष्ठ नहीं माने तब उन्हें उनका आग्रह स्वीकार करना ही पड़ा। महर्षि वसिष्ठ ने अपनी कामधेनु नामक गाय की कृपा से राजा सहित सभी को तृप्त कर दिया। यह देखकर विश्वामित्र आश्चर्यचकित रह गए। उन्होंने महर्षि वसिष्ठ से कामधेनु देने का आग्रह किया।

वसिष्ठ बोले—"राजन! यह संभव नहीं है। मैं इसकी कृपा से आश्रम के सभी कार्य सम्पन्न करता हूँ। यदि इसे आपको दे दूँगा तो आश्रम के समस्त कार्य रुक जाएँगे। इसलिए आप इसका मोह त्याग दें।"

लेकिन विश्वामित्र कामधेनु को अपने साथ ले जाने का निश्चय कर चुके थे। अत: उन्होंने उसे बलपूर्वक अपने अधिकार में ले लिया। महर्षि वसिष्ठ चुपचाप देखते रहे।

यह देख कामधेनु बोली—"महर्षि! मैं भली-भाँति जानती हूँ कि आप ब्राह्मण हैं। अस्त्र उठाना, युद्ध करना आपका कर्म नहीं है। इसलिए यदि आज्ञा दे तो मैं अपनी रक्षा स्वयं कर लूँ।" वसिष्ठजी ने उसे आज्ञा दे दी।

तब कामधेनु ने अपने प्रभाव से कई सैनिक पैदा कर दिए और भयंकर युद्ध आरंभ हो गया। देखते-ही-देखते विश्वामित्र की सेना भाग खड़ी हुई। अपनी पराजय देख विश्वामित्र बहुत लज्जित हुए।

उन्होंने सोचा—"ब्रह्मबल के समक्ष मेरा शारीरिक बल व्यर्थ है। ब्रह्मबल ही सबकुछ है। वही सभी मनोकामनाओं को पूर्ण करने वाला है। इसलिए अब मैं भी तपस्या करके ब्रह्मबल प्राप्त करूँगा।" बस वहीं से उनका हृदय परिवर्तन हुआ और वे राजपाठ छोड़कर कठिन तपस्या करने चल पड़े।

उनकी तपस्या को स्वर्ग की अप्सरा मेनका ने भंग किया और दोनों के अंश से शकुंतला नामक एक पुत्री का जन्म हुआ। लेकिन विश्वामित्र शीघ्र ही सँभल गए और पुन: तपस्या में लीन हो गए।

उन्हीं दिनों पृथ्वी पर एक राजा सत्यव्रत हुआ जो सशरीर स्वर्ग जाना चाहता था। किंतु जब महर्षि वसिष्ठ ने उसे समझाने का प्रयत्न किया तो उसने अहंकार में भरकर उनका अपमान कर दिया। तब उन्होंने उसे

चाण्डाल होने का शाप दे दिया। शापित सत्यव्रत विश्वामित्र की शरण में गया। विश्वामित्र भी महर्षि वसिष्ठ से नाराज़ थे। अतः उन्होंने सत्यव्रत की इच्छा पूर्ण करने के लिए एक यज्ञ का आयोजन कर समस्त ऋषिगण को आमन्त्रित किया। लेकिन उस यज्ञ में वसिष्ठ के सौ पुत्र नहीं आए। इससे क्रोधित होकर विश्वामित्र ने उन सभी को मार दिया और अकेले ही सत्यव्रत को स्वर्ग में पहुँचा दिया। लेकिन वसिष्ठजी शान्त रहे।

जल्द ही विश्वामित्र को अपनी भूल का आभास हो गया कि क्रोध से तपस्या का हनन होता है। वे पुनः तपस्या में लीन हो गए। उन्होंने सोचा—"मैं क्रोध के कारण बार-बार अपनी तपस्या का फल नष्ट कर देता हूँ। वसिष्ठ को मैंने कई बार कष्ट पहुँचाया लेकिन उन्होंने कुछ नहीं कहा। काम और क्रोध पर विजय पाने वाला ही सच्चा ज्ञाता और महर्षि कहलाता है। अब मैं वसिष्ठजी के समान ही बन कर रहूँगा।" यह सोचकर वे घोर तपस्या करने लगे।

एक दिन ब्रह्माजी ने उनकी तपस्या से प्रसन्न हो उन्हें वरदान माँगने के लिए कहा। उन्होंने वरदान में माँगा कि वे ब्रह्मर्षि बन जाएँ।

ब्रह्माजी ने कहा कि यदि वसिष्ठजी उन्हें ब्रह्मर्षि कहकर संबोधित करें तो वे ब्रह्मर्षि मान लिए जाएँगे। वसिष्ठजी के मन में विश्वामित्र के प्रति कोई द्वेष नहीं था। उन्होंने सहर्ष उन्हें ब्रह्मर्षि की उपाधि से विभूषित कर दिया। साथ ही उन्हें सप्तर्षियों में भी स्थान प्रदान किया।

इस प्रकार सच्ची लगन एवं दृढ़ इच्छा शक्ति के बल पर एक राजा ने ब्रह्मर्षि का पद प्राप्त किया।

•••

46

देवी कृपा

भगवान् श्रीराम के वंश इक्ष्वाकु में ध्रुवसंधि नामक एक प्रतापी राजा हुए। ध्रुवसंधि का पहला विवाह मनोरमा के साथ हुआ, जो कलिंगराज वीरसेन की पुत्री थी। उज्जयिनी के राजा युधाजित की पुत्री लीलावती उनकी दूसरी रानी थी। दोनों रानियों का एक-एक पुत्र था। मनोरमा के पुत्र का नाम सुदर्शन तथा लीलावती के पुत्र का नाम शत्रुजित था।

एक बार ध्रुवसंधि शिकार के लिए वन में गए। मार्ग में उन्हें प्यास

लगी। वे एक सरोवर के किनारे अस्त्र-शस्त्र रखकर जल पीने लगे। तभी एक सिंह ने उन पर आक्रमण कर दिया। दोनों में भयंकर युद्ध हुआ, अंत में सिंह ने ध्रुवसंधि को मार डाला।

उनकी मृत्यु के बाद मंत्रिगण ने राजकुमार सुदर्शन को राजा बनाने का निश्चय किया। लेकिन युधाजित अपने नाती शत्रुजित को राजा बनाने के पक्ष में थे, अत: वे अपनी सेनासहित अयोध्या आ गए। यह देखकर वीरसेन भी सुदर्शन के पक्ष में सेनासहित पहुँच गए। दोनों सेनाओं में भयंकर युद्ध हुआ। राजा वीरसेन वीरतापूर्वक लड़े, किंतु अंत में युधाजित के हाथों मारे गए।

पिता की मृत्यु के बारे में सुनकर मनोरमा भयभीत हो गई। उसे सुदर्शन की चिंता सताने लगी। तब वह—पुत्र सुदर्शन और विदल्ल नामक एक मंत्री सहित महर्षि भरद्वाज के आश्रम पहुँची। महर्षि का आश्रम प्रयाग में था। उन्होंने मनोरमा को अपने आश्रम में ही रख लिया।

इधर युधाजित ने शत्रुजित को अयोध्या का राजा घोषित कर दिया और स्वयं सुदर्शन को समाप्त करने के लिए प्रयाग पहुँच गया। लेकिन महर्षि भरद्वाज के कोप को भाँपकर वह वहाँ से भाग खड़ा हुआ।

एक बार की बात है, आश्रम में कुछ शिष्य परस्पर बातें कर रहे थे। निकट ही बालक सुदर्शन खेल रहा था। तभी एक शिष्य बोला—"महाराज ध्रुवसंधि का मंत्री विदल्ल क्लीव (नपुंसक) है।" और वे क्लीव का उच्चारण कर आपस में वार्तालाप करने लगे। सुदर्शन ने जब क्लीव-क्लीव शब्द सुना तो वह भी दिन-रात क्लीव-क्लीव का जाप करने लगा। 'क्लीं' शब्द भगवती जगदम्बा का प्रिय मंत्र है और सुदर्शन अनजाने में ही उसका जप करने लगा। इस प्रकार कई वर्ष बीत गए। सुदर्शन अब युवा हो गया था। महर्षि भरद्वाज ने उसे बाल्यकाल में ही अस्त्र-शस्त्र की समस्त विद्याओं में निपुण कर दिया था।

एक दिन वन में सुदर्शन क्लीं शब्द का उच्चारण कर रहा था। तभी वहाँ भगवती जगदम्बा साक्षात् प्रकट हुईं और उन्होंने उसे आशीर्वादस्वरूप दिव्य धनुष और अक्षय तूणीर (बाण) सहित अनेक दैवीय शक्तियाँ प्रदान कीं। अब सुदर्शन अत्यंत शक्तिशाली हो गया था।

प्रयाग में सुबाहु नामक राजा राज्य करते थे। उनकी पुत्री का नाम

शशिकला था। वह बड़ी सुंदर थी। भगवती जगदम्बा में उसकी विशेष श्रद्धा थी। एक बार देवी ने स्वप्न में दर्शन देकर उसे सुदर्शन से विवाह करने के लिए कहा। शशिकला ने इसे देवी की आज्ञा मानकर मन-ही-मन सुदर्शन को अपना पति स्वीकार कर लिया और अपने माता-पिता को सबकुछ बता दिया। लेकिन राजा सुबाहु अपनी पुत्री का विवाह किसी वनवासी से नहीं करना चाहते थे, इसलिए उन्होंने शीघ्र ही शशिकला का विवाह करने का निश्चय कर उसके स्वयंवर की घोषणा कर दी।

स्वयंवर में विभिन्न देशों के अनेक राजा, महाराजा एवं राजकुमारों को आमंत्रित किया गया। शशिकला ने गुप्त रूप से एक ब्राह्मण द्वारा सुदर्शन को देवी के स्वप्न की बात बताकर वहाँ बुलवा लिया। स्वयंवर में शत्रुजित और उसके नाना युधाजित भी पहुँचे थे।

स्वयंवर की तैयारी हो रही थी। इसी बीच सभी को शशिकला द्वारा सुदर्शन को पति मान लेने वाली बात पता चल गई। तब युधाजित क्रोधित होकर बोला—"सुबाहु! यदि तुझे पहले से ही सबकुछ ज्ञात था तो इस स्वयंवर का ढोंग क्यों किया? ऐसा करके तूने हमारा घोर अपमान किया है। देख, मैं तेरी दुष्टता का कितना भयंकर दण्ड देता हूँ। मैं अभी सुदर्शन सहित तुम्हें मारकर बलपूर्वक शशिकला को ले जाऊँगा।"

यह सुनकर उपस्थित राजाओं ने सोचा कि 'युधाजित एक शक्तिशाली राजा है, जबकि सुदर्शन एक वनवासी। यह युधाजित का सामना नहीं कर पायेगा।' इसलिए उन्होंने सुदर्शन को वहाँ से चलने जाने की सलाह दी। लेकिन वह बोला—"मान्यवरों! आपका सोचना सर्वथा उचित है किंतु यह देवी आज्ञा है और जब यह देवी का आदेश है तो वे ही मेरी रक्षा करेंगी।"

अगले दिन स्वयंवर का कार्यक्रम प्रारम्भ हुआ। सभी अपने अपने स्थान पर विराजमान थे। किंतु शशिकला ने वहाँ आने से मना कर दिया। राजा सुबाहु ने उससे कहा—"पुत्री! सभा में एक-से-एक शक्तिशाली राजा उपस्थित हैं। तुम्हारे इंकार से अपमानित होंगे।"

शशिकला बोली—"पिताश्री! आप मुझे और सुदर्शन को गुप्त रूप से नगर से बाहर निकाल दें। हमारे जाने के बाद राजाओं द्वारा आप पर आक्रमण करने का कोई औचित्य नहीं रह जाएगा।"

तब सुबाहु ने यह कहकर स्वयंवर रोक दिया कि 'आज शशिकला स्वयंवर में आने में असमर्थ है, इसलिए स्वयंवर कल होगा। कृपया आप कल पधारें।'

तत्पश्चात् सुबाहु ने रात्रि में चुपचाप शशिकला का विवाह सुदर्शन के साथ कर दिया और उन्हें गुप्त रूप से नगर के बाहर भेज दिया। लेकिन युधाजित को भनक लग गई। वह उसी समय सुदर्शन को समाप्त करने चल पड़ा। मार्ग में उसने सुदर्शन को घेर लिया और उसे ललकारने लगा।

तब सुदर्शन ने देवी भगवती का स्मरण किया और युद्ध के लिए तैयार हो गया। लेकिन युद्ध होने से पूर्व ही भगवती दुर्गा भयंकर रूप धारण कर साक्षात प्रकट हो गईं। उनका भयानक रूप देखकर युधाजित की सेना उल्टे पाँव भाग गई। देखते-ही-देखते भगवती दुर्गा ने युधाजित और शत्रुजित के मस्तक काट डाले।

तत्पश्चात् सुदर्शन ने स्तुति कर भगवती दुर्गा का क्रोध शांत किया। तब प्रसन्न होकर देवी ने उसे अभीष्ट वर माँगने के लिए कहा। सुदर्शन ने प्रार्थना की कि वे प्रयाग की सर्वदा रक्षा करें। 'तथास्तु' कहकर भगवती दुर्गा प्रयाग के दुर्गा कुण्ड में स्थित हो गईं।

इस प्रकार सुदर्शन को देवी जगदम्बा की कृपा से अपना खोया हुआ राज्य पुनः मिल गया और प्रयाग को माँ भगवती की सुरक्षा का कवच।

•••

47

क्रोध रूपी राक्षस

द्वापरयुग की बात है—श्रीकृष्ण, बलराम और सात्यकि शिकार खेलने वन में पहुँचे। उनके साथ कुछ सैनिक भी थे। शिकार की खोज में भटकते-भटकते शाम हो गई। तभी तूफान के साथ भयंकर बरसात शुरू हो गई। सभी लोग आश्रय लेने इधर-उधर दौड़े। इसी भगदड़ में तीनों अपने सैनिकों से बिछड़ गए। वर्षा समाप्त होने पर चारों ओर घना अंधेरा छा गया। इसलिए उन्होंने वहीं विश्राम करने का विचार किया।

रात्रि के तीन प्रहर बाकी थे। अत: उन्होंने निश्चय किया कि तीनों एक-एक करके पहरा देंगे। प्रथम प्रहर सात्यकि पहरे पर थे और बलराम तथा श्रीकृष्ण निद्रा में लीन थे।

तभी वहाँ एक विशाल राक्षस प्रकट हुआ। उसने सात्यकि से कहा—"यदि तुम मुझे इन दोनों को खा लेने दोगे तो मैं तुम्हें जीवित छोड़ दूँगा।"

राक्षस की बात सुनकर सात्यकि क्रोध से भर गए और उस पर तलवार से वार किया। लेकिन राक्षस ने वार रोका और सात्यकि को पटक दिया। यह देखकर वे अत्यंत क्रोधित होकर राक्षस से मल्लयुद्ध करने लगे। राक्षस जब सात्यकि को पटकता तो उन्हें बहुत कष्ट होता लेकिन जब वे राक्षस को मारते तो वह जोर से हँसने लगाता। इस प्रकार उन्हें मल्लयुद्ध करते हुए एक प्रहर बीत गया। तभी वह राक्षस अदृश्य हो गया।

पहला प्रहर बीत जाने पर सात्यकि ने बलराम को जगाया और स्वयं सो गए। बलराम पहरा देने लगे। तभी राक्षस ने पुनः प्रकट होकर बलराम से भी वही कहा कि यदि वे श्रीकृष्ण और सात्यकि को खा लेने दें तो वह उन्हें छोड़ देगा।'

बलराम भी क्रोध में आ गए और उस पर टूट पड़े। लेकिन उनके साथ भी वही घटना घटी जो सात्यकि के साथ घट चुकी थी। बलराम को प्रहार का दर्द होता किंतु जब वे राक्षस पर वार करते तो वह हँसने लगता। अन्त में मल्लयुद्ध प्रारंभ हुआ। जैसे-जैसे बलराम का क्रोध बढ़ता गया, वैसे-वैसे राक्षस का बल और आकार बढ़ता गया। धीरे-धीरे दूसरा प्रहर बीता और राक्षस पहले की भाँति अदृश्य हो गया। अब पहरा देने की बारी श्रीकृष्ण की थी। बलराम ने उन्हें उठाया और स्वयं सो गए।

श्रीकृष्ण पहरा देने लगे। तभी राक्षस पुनः प्रकट हुआ और वही बात दोहराई।

उसकी बात सुनकर श्रीकृष्ण हँसते हुए बोले—"यदि मैं ऐसा न करने दूँ तो तुम क्या करोगे?" राक्षस बोला—"तब मैं तुमसे मल्लयुद्ध करूँगा।"

श्रीकृष्ण पुनः हँसते हुए बोले—"तुम्हारा विचार बहुत अच्छा है। मैं भी समय व्यतीत करने का कोई उपाय सोच रहा था। चलो मल्लयुद्ध करते हैं। इससे मेरा समय व्यतीत हो जाएगा और तुम्हारी इच्छा पूर्ण हो जाएगी।"

दोनों में मल्लयुद्ध शुरू हो गया। श्रीकृष्ण शान्त भाव से युद्ध कर रहे थे, इससे राक्षस का न बल बढ़ रहा था और न आकार। मल्लयुद्ध करते हुए श्रीकृष्ण राक्षस को देखकर मुस्करा रहे थे। इससे राक्षस का बल और आकार घटता गया। धीरे-धीरे वह बिल्कुल छोटा हो गया। श्रीकृष्ण ने उसे पुनः ललकारा तो वह एक छोटे से कोड़े के आकार का हो गया।

तभी तीसरा प्रहर खत्म हो गया और बलराम तथा सात्यकि जाग गए। उन्होंने आपबीती बताई। तब श्रीकृष्ण बोले—"वह राक्षस कोई और नहीं बल्कि आप दोनों का क्रोध था। जैसे-जैसे आप दोनों का क्रोध बढ़ता गया, वैसे-वैसे राक्षस का बल और आकार भी बढ़ता गया। लेकिन जब वह मेरे सामने आया तो मैंने अपने क्रोध को नियन्त्रित रखा। इससे राक्षस का बल एवं आकार घटता गया और देखो, कीड़े के रूप में यह वही राक्षस है।"

सही है, क्रोध रूपी राक्षस बहुत खतरनाक होता है और सभी को अपने क्रोध पर नियन्त्रण रखना चाहिए।

•••

48

अहंकारी समुद्र

महर्षि अगस्त्य एक तेजस्वी ऋषि थे। एक बार की बात है, अहंकार में भरकर विंध्याचल पर्वत अपने शिखरों को ऊपर उठने लगा। यह इतना ऊपर उठ गया कि सूर्य का मार्ग भी अवरुद्ध हो गया। यह पर्वत उत्तर और दक्षिण को अलग करता था। अत: सूर्यदेव उत्तर में ही रुकने को बाध्य हो गए। तब सभी देवताओं ने महर्षि अगस्त्य से सहायता की प्रार्थना की। उन्हें जब विंध्याचल की धृष्टता ज्ञात हुई तो वे उसका अहंकार तोड़ने के लिए दक्षिण दिशा की ओर चल पड़े।

उन्हें देख विंध्याचल ने प्रणाम किया। तब महर्षि बोले—"पर्वतराज! मुझे दक्षिण की ओर जाना है, लेकिन तुम्हारे शिखर इतने ऊँचे हैं कि मुझ जैसे वृद्ध के लिए इन्हें पार करना असंभव है। अत: तुम अपने शिखरों को नीचे झुका लो, जिससे मैं सरलता से दक्षिण में जा सकूँ।"

महर्षि की बात सुनकर विंध्याचल उनके चरणों में पसर गया और उन्हें दक्षिण में जाने का मार्ग दे दिया।

"जब तक मैं लौटकर न आ जाऊँ, तुम ऐसे ही झुके रहना। जिससे मुझे लौटने में कठिनाई न हो।" यह कहकर अगस्त्य मुनि दक्षिण की ओर चले गए और फिर कभी वापस नहीं लौटे। तभी से विंध्याचल महर्षि अगस्त्य की प्रतीक्षा में नतमस्तक है।

एक बार की बात है, महर्षि अगस्त्य प्रात: स्नान कर आश्रम लौट रहे थे। मार्ग में उन्हें एक छोटी-सी चिड़िया दिखाई दी जो समुद्र के पानी में गीली होकर बाहर सूखी रेत पर अच्छी तरह लोटती जिससे उसके पंखों पर रेत चिपक जाती। फिर समुद्र में जाकर पुन: अपने शरीर को धो देती। उसने कई बार ऐसा किया।

पहले महर्षि अगस्त्य ने सोचा कि चिड़िया शायद खेल रही है। लेकिन जब उन्होंने उसकी लगन और मेहनत देखी तो उनसे रहा नहीं गया। वे उसके पास जाकर बोले—"यह क्या कर रही हो? यदि तुम्हें सहायता की आवश्यकता हो तो मुझसे कहो, मैं पल भर में तुम्हारा दु:ख दूर कर दूँगा।"

चिड़िया बोली—"महर्षि! यह समुद्र मेरे अण्डे बहाकर ले गया है। मैंने इससे अण्डे लौटाने को कहा, लेकिन यह बड़ा अहंकारी और निष्ठुर है। इसने मेरे अण्डे वापस नहीं किए।" यह कहकर वह ज़ोर-ज़ोर से रोने लगी।

चिड़िया की बात सुनकर महर्षि बोले—"ओह! तो यह बात है, लेकिन तुम कर क्या रही हो?"

चिड़िया बोली—"महर्षि! मैंने सुना है कि जल की बूँद-बूँद एकत्रित करने से समुद्र बनता है। यदि बूँद-बूँद से समुद्र बन सकता है तो रेत के कण-कण से यह समाप्त भी हो सकता है। मुनिश्रेष्ठ! यही सोचकर मैं अपने पंखों से रेत लपेट-लपेट कर समुद्र में डाल रही हूँ

जिससे यह भर जाए और इसका अहंकार खण्डित हो जाए।"

चिड़िया की बात सुनकर और उसका दृढ़ संकल्प देख महर्षि अगस्त्य बड़े प्रभावित हुए। उसकी सहायता का निश्चय कर उन्होंने समुद्र से उसके अण्डे वापस करने को कहा।

लेकिन महर्षि की विनती का भी समुद्र पर कोई असर नहीं हुआ। यह देखकर अगस्त्य मुनि क्रोधित होकर बोले—"समुद्र! तुम विनती के नहीं अपितु दंड देने के योग्य हो। आज मैं तुम्हारा अहंकार नष्ट करूँगा।"

यह कहकर वे तपोबल से समुद्र का जल पीने लगे। देखते-ही-देखते समुद्र सूखने लगा। अंततः वह काँपता हुआ प्रकट हुआ और चिड़िया के अण्डे वापस कर क्षमा याचना करने लगा। समुद्र की प्रार्थना से महर्षि भी शान्त हो गए। उन्होंने उसे क्षमा कर उसका सारा पानी वापस कर दिया।

इस कथा से यह शिक्षा मिलती है कि मनुष्य की दृढ़ इच्छा शक्ति के आगे कोई भी कार्य असंभव नहीं है।

•••

49

रक्तबीज

रक्तबीज एक महाशक्तिशाली दैत्य था। एक बार उसने दैवीय शक्तियाँ प्राप्त करने का निश्चय किया और वन में जाकर तपस्या करने लगा। उसके तप से प्रसन्न होकर ब्रह्माजी ने उसे मनचाहा वर माँगने को कहा।

रक्तबीज बोला है—"ब्रह्मदेव! मुझे वर दे कि मैं किसी पुरुष के हाथों न मारा जाऊँ, यदि मेरे रक्त की एक भी बूँद भूमि पर गिरे तो उससे मेरे ही जैसा शक्तिशाली दूसरा रक्तबीज उत्पन्न हो जाए।"

ब्रह्माजी उसे इच्छित वर देकर अंतर्धान हो गए।

वर पाकर रक्तबीज बहुत प्रसन्न हुआ। अब उसका सामना करने वाला तीनों लोकों में कोई भी नहीं था। वह ऋषि-मुनियों को मारने लगा; उनके आश्रम नष्ट करने लगा। उसके बढ़ते अत्याचारों से चारों ओर हाहाकार मच गया। उसके भय से ऋषि-मुनि आश्रम छोड़कर भागने लगे। रक्तबीज का अत्याचार बढ़ता ही गया।

तब सभी देवताओं ने त्रिदेवों से सहायता की प्रार्थना की। त्रिदेवों ने अन्य देवताओं के सहयोग से दैवीय शक्ति—भगवती दुर्गा की उत्पत्ति की। दुर्गा ने रक्तबीज को युद्ध के लिए ललकारा।

रक्तबीज सेना सहित भगवती दुर्गा के साथ युद्ध के लिए चल पड़ा। देवी दुर्गा भी बाघ पर सवार होकर अस्त्र-शस्त्रों से सुसज्जित हो गईं। देखते-ही-देखते दोनों पक्षों में भयंकर युद्ध छिड़ गया। रक्तबीज के साथ सहस्रों दैत्यों की सेना थी, लेकिन भगवती दुर्गा ने अकेले ही उनका सफाया कर दिया। अंत में केवल रक्तबीज ही शेष रह गया।

देवी दुर्गा उस पर तलवार से प्रहार करने लगीं। किंतु जैसे ही उसका रक्त भूमि पर गिरता, उसके रक्त की प्रत्येक बूँद से एक नया रक्तबीज उत्पन्न हो जाता। यह देखकर वे अत्यंत क्रोधित हो गईं। इस बार उन्होंने एक खप्पर हाथ में लेकर प्रहार किया और उसके रक्त को भूमि पर नहीं गिरने दिया बल्कि उसे खप्पर में भरकर पीने लगीं। रक्त पीने से दुर्गा की मोहिनी सूरत भयानक रूप लेती गई और उनका रंग काला पड़ गया। अंत में पापी रक्तबीज भगवती दुर्गा के हाथों मारा गया।

इस प्रकार रक्तबीज का अंत करने वाला भगवती दुर्गा का वह स्वरूप संसार में काली व चंडी आदि नामों से विख्यात हुआ।

•••

भाग गए। वह अकेला रह गया। उसने सोचा जब सभी चले गए तो मैं यहाँ रहकर क्या करूँगा। वह भी वहाँ से चल दिया। चलते-चलते इतना अंधेरा हो गया कि उसे कुछ दिखाई नहीं दिया। आगे नदी थी, वह उसमें जा गिरा। स्वयं को बचाने के लिए उसने हाथ-पैर मारे तो कंटज बने गाधि को होश आ गया। उन्होंने स्वयं को सरोवर में पाया। इस घटना के बारे में सोचकर वे आश्चर्य करने लगे। उन्हें सभी कुछ पहले जैसा स्मरण हो आया था। वे स्नान करके बाहर आ गए।

एक दिन उनके बचपन का एक ब्राह्मण मित्र कौशल उनसे मिलने आया। उन्होंने उसका सत्कार किया। जब दोनों मित्र वार्तालाप कर रहे थे तो कौशल बोला—"मित्र! एक बार की बात है, मैं भ्रमण करता हुआ कीर नामक राज्य में पहुँचा। वहाँ मेरा बहुत सम्मान हुआ। मुझे पता चला कि वहाँ का राजा चाण्डाल है और फिर कुछ दिन बाद वह राजा नदी में डूबकर मर गया।"

यह सुनते ही गाधि आश्चर्यचकित रह गए। कौशल के जाने के बाद वे वहाँ से भूतमंडल की ओर चल पड़े। पूछते-पूछते वे कुछ ही दिनों में वहाँ पहुँच गए।

वे उस स्थान पर पहुँचे जहाँ कटंज नामक चाण्डाल रहता था। वहाँ की वस्तुएँ उन्हें जानी-पहचानी लगीं। उन्होंने सोचा—'मैं यहाँ पहली बार आया हूँ, फिर भी यहाँ की वस्तुएँ जानी-पहचानी लग रही हैं।'

फिर वे राजमहल में गए। वहाँ भी उन्हें सभी कुछ जाना-पहचाना लगा। वे सोचने लगे—'यह कैसे हो सकता है। मैंने सरोवर में क्षण भर के लिए डुबकी लगाई और इतने ही समय में बचपन से लेकर राजा बनने तक का जीवन कैसे जी लिया?'

यह सोचकर वे पुनः सरोवर लौट आए और कठोर तपस्या प्रारंभ कर दी। तब भगवान् विष्णु ने उन्हें पुनः दर्शन देकर कहा—"हे गाधि! तुमने मेरी माया का चमत्कार देख लिया। सारा विश्व मेरी इसी माया, इसी भ्रम से ढका हुआ है। सभी इसे सत्य मानते हैं लेकिन ऐसा है नहीं; जैसे तुमने स्वयं को राजा और चाण्डाल के रूप में देखा।

•••

43

घंटाकर्ण पिशाच

द्वापरयुग की बात है, श्रीकृष्ण बद्रीनाथ में तपस्या कर रहे थे। तभी किसी आवाज़ से उनका ध्यान भंग हुआ। उन्होंने आँखें खोलकर देखा तो मृग, खरगोश आदि छोटे-छोटे वन्य जीव दौड़े चले जा रहे थे। उनके पीछे शेर, चीते आदि खतरनाक जानवर दौड़ रहे थे। श्रीकृष्ण ने उन सभी को वहीं रोक लिया।

उनके बाद वहाँ भयानक पिशाच आए। वे भगवद्-नाम का जाप करते हुए बोले—"प्रभु हरि! दर्शन दो।" यह देखकर श्रीकृष्ण आश्चर्यचकित रह गए।

तभी नरभक्षी पिशाचों की दृष्टि उन पर पड़ी, लेकिन वे उन्हें खाने के बजाए प्रणाम करते हुए बोले—"ऐसा क्यों हो रहा है कि हमारा मन आपके प्रति श्रद्धा से भर गया है। आप कौन हैं?"

श्रीकृष्ण बोले—"मैं यदुवंशी क्षत्रिय हूँ। प्राणियों की रक्षा मेरा कर्तव्य है। यह पावन भूमि है। तुम यहाँ क्यों आए हो? क्या तुम्हें ज्ञात नहीं कि तुम्हारे इस उत्पात से ऋषियों की तपस्या भंग हो जाती है?"

एक पिशाच बोला—"आप मुझे बहुत प्रिय लगे। मैं घंटाकर्ण नामक पिशाच हूँ और यह मेरा छोटा भाई है। मैं अलकापुरी के राजा कुबेर की सेवा करता हूँ। पहले मैं विष्णु से घृणा करता था। उनका नाम मेरे कानों को न सुनाई दे इसलिए मैं अपने कानों में घंटा पहनने लगा। इससे सभी मुझे घंटाकर्ण पुकारने लगे। मैंने घोर तपस्या करके शिवजी से मोक्ष की प्रार्थना की। तब उन्होंने कहा कि मोक्ष तो श्रीविष्णु देंगे। तब मैंने श्रीविष्णु की महिमा को जाना। मैंने सुना है कि उन्होंने पृथ्वी पर अवतार लिया है। उनके दर्शन के लिए ही मैं अपने भाई को लेकर द्वारिका जा रहा हूँ।"

रात आधी बीत चुकी थी। अतः उन पिशाचों ने आचमन कर पृथ्वी पर कुशा बिछाई और भगवान् का भजन करने लगे। जब पिशाचों ने आँखें बंद की तो श्रीकृष्ण ने उन्हें अपने चतुर्भुजी रूप के दर्शन करवाए। घंटाकर्ण बोला—"इन्हें तो अभी मैंने सामने देखा था।"

उसने आँखे खोलीं तो सामने श्रीकृष्ण विष्णुरूप में विद्यमान थे। उन्हें देखकर पिशाच बड़े प्रसन्न हुए। उन्होंने प्रसाद चढ़ाने के लिए केले के पत्तों पर मांस रखा और भगवान को अर्पित करते हुए बोले—"भगवन्! हम नीच लोग हैं, कच्चा मांस ही ग्रहण करते हैं। इसलिए आपको भी यही चढ़ा रहे हैं। हमें जैसा मांस मिलता है वैसा ही हम खाते हैं। यह आपके लिए ताजा मांस है, जो अर्पण कर रहे हैं।"

घंटाकर्ण की बात सुनकर श्रीकृष्ण मुस्कराते हुए बोले—"घंटाकर्ण! भूख शान्त करने के लिए किसी प्राणी की हत्या नहीं करनी चाहिए। यह पाप है।"

घंटाकर्ण बोला—"क्षमा करें भगवन्! मैं अनजाने में यह पाप करता रहा। मुझे ज्ञान नहीं था।"

श्रीकृष्ण बोले—"घंटाकर्ण! प्राणी को उच्च अथवा नीच—किसी भी जाति में जन्म मिल सकता है। किंतु जो अपनी उन्नति के लिए अच्छे कार्य करता है, वह पूजनीय होता है। अर्थात् प्राणी अपने कर्मों से छोटे या बड़े होते हैं, जाति से नहीं। अपने स्वार्थ के लिए दूसरे से ईर्ष्या करके उसको सताना या मारना पाप है। लेकिन तुम अपना आचरण सुधार कर श्रेष्ठ बन गए हो।"

यह कहकर उन्होंने घंटाकर्ण और उसके भाई को स्पर्श किया। स्पर्श करते ही वे देवताओं के समान तेजस्वी हो गए। तब श्रीकृष्ण ने देवराज इन्द्र को आज्ञा दी कि उन्हें स्वर्ग ले जाएँ।

इस प्रकार उन पिशाचों ने अपने पैशाचिक गुणों को त्यागकर श्रीहरि का नाम लेना उचित समझा जिससे उन्हें मोक्ष प्राप्त हो सका। हमें भी अपने पैशाचिक कर्मों, दुष्कर्मों का त्याग कर देना चाहिए।

•••

52

ब्रह्मांड दर्शन

घुटनों चलते श्रीकृष्ण इतने नटखट थे कि कोई न कोई शैतानी करते रहते थे, जिससे यशोदा माता बार-बार उन्हें आकर देखतीं कि कहीं चोट तो नहीं लगी। एक बार उन्होंने सोचा कि यदि उनके साथ खेलने के लिए अन्य बच्चे होंगे तो वे कम नटखट होंगे, खेल में लगे रहेंगे। यह सोचकर उन्होंने रोहिणी के पुत्र बलराम को श्रीकृष्ण के साथ खेलने के लिए कहा। बलराम अपने मित्र श्रीदामा के साथ वहाँ आ गए।

अब तीनों की मंडली बन गई। तीनों धमा-चौकड़ी मचाते हुए

कंकड़ों से खेलने लगे। उन दोनों ने सारे कंकड़ उठा लिए और कान्हा के लिए कुछ नहीं बचा। वहीं आँगन में तुलसी का एक पौधा लगा था। श्रीकृष्ण तुलसी के पौधे के पास पहुँचे। तभी श्रीदामा जोर से चिल्लाया—"कृष्ण ने मिट्टी खाई, कृष्ण ने मिट्टी खाई।"

यह सुनकर माता यशोदा दौड़ी आईं। वे एक छड़ी लाई थीं। कृष्ण समझ गए अब तो पिटाई होगी। वे होंठ बंद कर चुपचाप बैठ गए। माता यशोदा बोलीं—"कान्हा! तू बहुत परेशान करने लगा है। आज तूने मिट्टी खा ली। लोग कहेंगे कि मैं तुझे मक्खन नहीं देती। बता तूने मिट्टी क्यों खाई?"

कृष्ण बोले—"मैया! मैंने मिट्टी नहीं खाई। श्रीदामा झूठ बोलता है।"

श्रीदामा बोला—"माता! इसका मुख खोलकर देख लो या दाऊ से पूछ लो।"

बलराम ने यह सोचकर कि मैया कान्हा को मरेगी, कह दिया कि उन्होंने नहीं देखा, श्रीदामा ने देखा है और उसने ही आवाज़ लगाई थी। अब तो श्रीदामा चुप कि यदि श्रीकृष्ण की पिटाई हुई तो पूरा दोष उस पर ही आएगा। अत: वह यशोदा से बोला—"मैया! मैंने इसे मिट्टी खाते तो नहीं देखा लेकिन यह तुलसी के पास गया था। इसलिए मैंने यूँ ही कह दिया।"

यशोदा बोली—"अभी देखती हूँ। कान्हा! मुँह खोल।"

श्रीकृष्ण ने मुँह खोल दिया। यशोदा ने पास आकर मुँह में झाँका तो आश्चर्यचकित रह गईं। उनके मुँह में उन्हें सारा ब्रह्मांड दिखाई दिया। सूरज, चाँद, सितारे, घूमती हुई पृथ्वी।

भयभीत यशोदा ने आँखें मूँद लीं और प्रार्थना करते हुए बोली—"हे भगवान्! यह तेरा कैसा चमत्कार है?"

फिर उन्होंने कृष्ण को स्पर्श कर जैसे ही आँखें खोलीं तो सब सामान्य था। वे भूल गईं कि अभी-अभी उन्होंने कौन-सा चमत्कार देखा था। वे दुलार के साथ बोलीं—"मेरा कान्हा मिट्टी नहीं खा सकता।" और उन्होंने कृष्ण को गोद में उठा लिया।

इस प्रकार भगवान् श्रीकृष्ण ने माता को अपने मुख में समस्त ब्रह्मांड के दर्शन करा दिए।

•••

53

भक्ति की परीक्षा

सूर्यवंशी राजा अंबरीष एक प्रतापी राजा थे। वीर, पराक्रमी, तेजस्वी, विद्वान और दयालु होने के साथ-साथ वे तपस्वी भी थे। वे एकादशी का व्रत नियमपूर्वक करते थे। भक्तिभाव के कारण ही विष्णु-भक्तों में उन्हें श्रेष्ठ स्थान प्राप्त था और यही उनके यश व कीर्ति का कारण था।

उनकी भक्ति के विषय में सुनकर एक बार अनुसूया पुत्र दुर्वासा ने उनकी परीक्षा लेने का निश्चय किया और एकादशी का दिन समाप्त होने से पूर्व ही अपने शिष्यों के साथ वे अंबरीष के महल में पहुँच गए। अंबरीष ने उनका यथोचित आदर-सत्कार किया और भोजन के लिए आमंत्रित किया। दुर्वासा ऋषि ने उनका निमन्त्रण स्वीकार कर लिया,

लेकिन भोजन से पूर्व स्नान करने के लिए वे यमुना तट पर चले गए। एकादशी का दिन व्यतीत करने और राजा की दृढ़ता को परखने के उद्देश्य से उन्होंने देर कर दी।

इधर अंबरीष चिन्तित हो उठे। समय निकला जा रहा था किंतु अतिथि को भोजन करवाए बिना वे अपना व्रत पूर्ण नहीं कर सकते थे। तब व्रत में विघ्न होता देख उन्होंने जल ग्रहण कर लिया, किंतु भोजन नहीं किया।

कुछ समय बाद दुर्वासा पहुँचे। योगबल से वे जान चुके थे कि अंबरीष ने जल ग्रहण कर लिया है। अत: क्रोधित होकर बोले—"दुष्ट! तू अधर्मी है। तूने भोजन का निमन्त्रण दिया और पहले ही जल ग्रहण कर लिया। इस धृष्टता का मैं तुझे दण्ड देता हूँ।"

यह कहकर वे अपने कमंडलु से जल हाथ में लेकर अंबरीष को भस्म करने के लिए उद्यत हुए। तभी श्रीहरि के सुदर्शन चक्र ने प्रकट होकर उन्हें सुरक्षित कर दिया और मुनि को भस्म करने के लिए उनकी ओर झपटा। दुर्वासा भय से भागने लगे। सुदर्शन चक्र उनका पीछा करने लगा। दुर्वासा तीनों लोकों और त्रिदेवों की शरण में गए लेकिन किसी ने उनकी सहायता नहीं की। तब वे वापस अंबरीष की शरण में लौटे और चक्र से बचाने की प्रार्थना की। राजा अंबरीष ने सुदर्शन को शान्त होने को कहा। राजा की स्तुति से वह शान्त हुआ।

दुर्वासा ऋषि अंबरीष के सद्व्यवहार से अत्यंत प्रसन्न हुए और भोजन ग्रहण करने के बाद उन्हें आशीर्वाद देकर वहाँ से चले गए।

•••

54

दानवीर कर्ण

महाभारत का युद्ध चल रहा था। सूर्यास्त के बाद सभी अपने-अपने शिविरों में थे। उस दिन अर्जुन ने कर्ण को पराजित कर दिया था। इसलिए वह अहंकार में चूर था। वह अपनी वीरता की डींगें हाँकते हुए कर्ण का तिरस्कार करने लगा।

यह देखकर श्रीकृष्ण बोले—"पार्थ! कर्ण सूर्यपुत्र है। उसके कवच और कुंडल दान में प्राप्त करने के बाद ही तुम उस पर विजय पा सके

हो अन्यथा उसे पराजित करना किसी के वश में नहीं था। वीर होने के साथ ही वह दानवीर भी हैं। उसके समान दानवीर आज तक नहीं हुआ।"

कर्ण की दानवीरता की बात सुनकर अर्जुन तिलमिला उठा और तर्क देकर उसकी उपेक्षा करने लगा। श्रीकृष्ण अर्जुन की मनोदशा समझ गए थे। वे शांत स्वर में बोले—"पार्थ! कर्ण रणक्षेत्र में घायल पड़ा है। तुम चाहो तो उसकी दानवीरता की परीक्षा ले सकते हो।"

अर्जुन ने श्रीकृष्ण की बात मान ली। दोनों ब्राह्मण के रूप में उसके पास पहुँचे। घायल होने के बाद भी कर्ण ने ब्राह्मणों को प्रणाम किया और वहाँ आने का उद्देश्य पूछा।

श्रीकृष्ण बोले—"राजन! आपकी जय हो। हम यहाँ भिक्षा लेने आए हैं। कृपया हमारी इच्छा पूर्ण करें।"

कर्ण थोड़ा लज्जित होकर बोला—"ब्राह्मण देव! मैं रणक्षेत्र में घायल पड़ा हूँ। मेरे सभी सैनिक मारे जा चुके हैं। मृत्यु मेरी प्रतीक्षा कर रही है। इस अवस्था में भला मैं आपको क्या दे सकता हूँ?"

"राजन! इसका अर्थ यह हुआ कि हम खाली हाथ ही लौट जाएँ? ठीक है राजन! यदि आप यही चाहते हैं तो हम लौट जाते हैं। किंतु इससे आपकी कीर्ति धूमिल हो जाएगी। संसार आपको धर्मविहीन राजा के रूप में याद रखेगा।" यह कहते हुए वे लौटने लगे।

तभी कर्ण बोला—"ठहरिए ब्राह्मणदेव! मुझे यश-कीर्ति की इच्छा नहीं है, लेकिन मैं अपने धर्म से विमुख होकर मरना नहीं चाहता। इसलिए मैं आपकी इच्छा अवश्य पूर्ण करूँगा।"

कर्ण के दो दाँत सोने के थे। उन्होंने निकट पड़े पत्थर से उन्हें तोड़ा और बोले—"ब्राह्मण देव! मैंने सर्वदा स्वर्ण का ही दान किया है। इसलिए आप इन स्वर्णयुक्त दाँतों को स्वीकार करें।"

श्रीकृष्ण दान अस्वीकार करते हुए बोले—"राजन! इन दाँतों पर रक्त लगा है और आपने इन्हें मुख से निकाला है। इसलिए यह स्वर्ण जूठा है। हम जूठा स्वर्ण स्वीकार नहीं करेंगे।"

तब कर्ण घिसटते हुए अपने धनुष तक गए और उस पर बाण चढ़ाकर गंगा का स्मरण किया। तत्पश्चात् बाण भूमि पर मारा। भूमि पर

बाण लगते ही वहाँ से गंगा की तेज जल धारा बह निकली। कर्ण ने उसमें दाँतों को धोया और उन्हें देते हुए कहा—"ब्राह्मणों! अब यह स्वर्ण शुद्ध है। कृपया इसे ग्रहण करें।"

तभी कर्ण पर पुष्पों की वर्षा होने लगी। भगवान् श्रीकृष्ण और अर्जुन अपने वास्तविक स्वरूप में प्रकट हो गए।

विस्मित कर्ण भगवान् श्रीकृष्ण की स्तुति करते हुए बोला—"भगवन्! आपके दर्शन पाकर मैं धन्य हो गया। मेरे सभी पाप नष्ट हो गए। प्रभु! आप भक्तों का कल्याण करने वाले हैं। मुझ पर भी कृपा करें।"

तब श्रीकृष्ण उसे आशीर्वाद देते हुए बोले—"कर्ण! जब तक यह सूर्य, चन्द्र, तारे और पृथ्वी रहेंगे, तुम्हारी दानवीरता का गुणगान तीनों लोकों में किया जाएगा। संसार में तुम्हारे समान महान दानवीर न तो हुआ है और न कभी होगा। तुम्हारी यह बाण गंगा युगों-युगों तक तुम्हारे गुणगान करती रहेगी। अब तुम मोक्ष प्राप्त करोगे।"

कर्ण की दानवीरता और धर्मपरायणता देखकर अर्जुन भी उसके समक्ष नतमस्तक हो गया।

•••

55

तप का फल

यह कथा उस समय की है जब पाण्डव वनवास में और अर्जुन घोर तपस्या में लीन थे। तब दुर्योधन ने अर्जुन को मारने के लिए एक राक्षस को भेजा। उस समय भगवान् शिव ने अर्जुन पर कृपा की। वह कथा इस प्रकार है—

वनवास के समय अर्जुन इन्द्रकील पर्वत पर जाकर घोर तपस्या करने लगे। अर्जुन की परीक्षा लेने के लिए इन्द्र ब्राह्मण का रूप धारण कर वहाँ पहुँचे। अनेक प्रयत्न के बाद भी वे अर्जुन को तप से विचलित नहीं कर सके। तब उन्होंने प्रसन्न होकर उसे दिव्य मंत्र का उपदेश दिया और उस मंत्र द्वारा शिवजी की अर्चना करने के लिए कहा।

इन्द्र के परामर्श के अनुसार अर्जुन एक पैर पर खड़े होकर 'ॐ नमः शिवाय' मंत्र का जाप करने लगे।

यह समाचार सुनकर दुर्योधन बड़ा प्रसन्न हुआ। इस अवसर का लाभ उठाने का निश्चय कर उसने अर्जुन के वध के लिए एक शक्तिशाली दैत्य को भेजा। दैत्य ने शूकर (सूअर) का रूप धारण कर अर्जुन पर आक्रमण कर दिया। अर्जुन ने अपनी रक्षा के लिए धनुष पर बाण चढ़ाकर पूरे वेग से शूकर की ओर छोड़ा। तभी एक भील ने भी शूकर पर बाण छोड़ दिया। दोनों बाण एक साथ शूकर को लगे और उसके प्राण निकल गए।

भील का एक सेवक शूकर को उठाने लगा। यह देख अर्जुन बोला—"ठहरो! यह शूकर मेरे बाण से मरा है। यदि तुम इसे ले जाना चाहते हो तो पहले मुझसे आज्ञा लो।"

सेवक हँसते हुए बोला—"युवक! इसे मेरे स्वामी ने मारा है। इसके लिए मुझे किसी की आज्ञा की आवश्यकता नहीं है। तुम्हें शांतिपूर्वक अपनी तपस्या करनी चाहिए। अन्यथा मेरे स्वामी तुम्हें दण्डित करेंगे।"

सेवक की बात सुनकर अर्जुन क्रुद्ध होकर बोला—"ठीक है। बुलाओ अपने स्वामी को। मैं उससे युद्ध को तैयार हूँ। मेरे बाण स्वयं ही सत्य कह देंगे।"

सेवक ने भील को अर्जुन के बारे में बताया। भील भी अर्जुन से युद्ध को तैयार हो गया। दोनों में युद्ध शुरू हो गया। फिर देखते-देखते ही भील ने अर्जुन के सभी बाण काट दिए। अर्जुन आश्चर्यचकित रह गए।

उसने भगवान् शिव का स्मरण किया और जैसे ही पूजा-अर्चना करते हुए शिवलिंग पर पुष्प चढ़ाए, वे पुष्प भील के चरणों में पहुँच गए। वास्तव में भील के रूप में वे भगवान् शिव थे, जो अर्जुन की परीक्षा ले रहे थे।

अर्जुन भी उन्हें पहचान गया था। तब भगवान् शिव अपने वास्तविक रूप में प्रकट हो गए। उनका सेवक भी नंदी रूप में प्रकट हो गया। अर्जुन श्रद्धाभाव से उनके चरणों में झुककर स्तुति करने लगा। तब अर्जुन को अपना प्रिय पाशुपत अस्त्र देकर वे अंतर्धान हो गए।

इस प्रकार भगवान् शिव ने अर्जुन को अपनी कृपा-दृष्टि से अनुगृहीत किया। •••

56

वाराणसी

यह कथा द्वापरयुग की है जब भगवान् श्रीकृष्ण के सुदर्शन चक्र ने काशी को जलाकर राख कर दिया था। कालांतर में यह वाराणसी के नाम से प्रसिद्ध हुआ। यह कथा इस प्रकार है—

मगध का राजा जरासंध बहुत शक्तिशाली और क्रूर था। उसके पास अनगिनत सैनिक और दिव्य अस्त्र-शस्त्र थे। यही कारण था कि आस-पास के सभी राजा उसके प्रति मित्रता का भाव रखते थे। जरासंध की अस्ति और प्रस्ति नामक दो पुत्रियाँ थीं। उनका विवाह मथुरा के राजा कंस के साथ हुआ था। कंस अत्यंत पापी और दुष्ट राजा था। प्रजा को उसके अत्याचारों से बचाने के लिए भगवान् श्रीकृष्ण ने उसका अंत कर दिया। दामाद की मृत्यु की खबर सुनकर जरासंध क्रोधित हो उठा। प्रतिशोध की ज्वाला में जलते जरासंध ने कई बार मथुरा पर आक्रमण

किया। किंतु हर बार श्रीकृष्ण उसे पराजित कर जीवित छोड़ देते थे।

एक बार उसने कलिंगराज पौंड्रक और काशीराज के साथ मिलकर मथुरा पर आक्रमण किया। लेकिन भगवान् श्रीकृष्ण ने उन्हें भी पराजित कर दिया। जरासंध तो भाग निकला किंतु पौंड्रक और काशीराज भगवान् के हाथों मारे गए।

काशीराज के बाद उसका पुत्र काशीराज बना और श्रीकृष्ण से बदला लेने का निश्चय किया। वह श्रीकृष्ण की शक्ति जानता था। इसलिए उसने कठिन तपस्या कर भगवान् शिव को प्रसन्न किया और उन्हें समाप्त करने का वर माँगा। भगवान् शिव ने उसे कोई अन्य वर माँगने को कहा। किंतु वह अपनी माँग पर अड़ा रहा। तब शिव ने मंत्रों से एक भयंकर कृत्या बनाई और उसे देते हुए बोले—"वत्स! तुम इसे जिस दिशा में जाने का आदेश दोगे यह उसी दिशा में स्थित राज्य को जलाकर राख कर देगी। लेकिन ध्यान रखना, इसका प्रयोग किसी ब्राह्मण भक्त पर मत करना। वरना इसका प्रभाव निष्फल हो जाएगा।" यह कहकर भगवान् शिव अंतर्धान हो गए।

इधर, दुष्ट कालयवन का वध करने के बाद श्रीकृष्ण सभी मथुरावासियों को लेकर द्वारिका आ गए थे। काशीराज ने श्रीकृष्ण का वध करने के लिए कृत्या को द्वारिका की ओर भेजा।

काशीराज को यह ज्ञान नहीं था कि भगवान् श्रीकृष्ण ब्राह्मण भक्त हैं। इसलिए द्वारिका पहुँचकर भी कृत्या उनका कुछ अहित न कर पाई। उल्टे श्रीकृष्ण ने अपना सुदर्शन चक्र उसकी ओर चला दिया। सुदर्शन भयंकर अग्नि उगलते हुए कृत्या की ओर झपटा।

प्राण संकट में देख कृत्या भयभीत होकर काशी की ओर भागी। सुदर्शन चक्र भी उसका पीछा करने लगा। काशी पहुँचकर सुदर्शन ने कृत्या को भस्म कर दिया। किंतु फिर भी उसका क्रोध शांत नहीं हुआ और उसने काशी को भस्म कर दिया।

कालान्तर में वारा और असि नामक दो नदियों के मध्य यह नगर पुनः बसा। वारा और असि नदियों के मध्य बसे होने के कारण इस नगर का नाम वाराणसी पड़ गया। इस प्रकार काशी का वाराणसी के रूप में पुनर्जन्म हुआ। •••

55

वीर अनुशाल्व

महाभारत के युद्ध के बाद धर्मराज युधिष्ठिर को हस्तिनापुर का राजा बनाया गया। लेकिन वे अपने परिजन के मारे जाने से बहुत दुखी थे। तब श्रीकृष्ण ने उन्हें अश्वमेध यज्ञ करने का परामर्श दिया। युधिष्ठिर ने यज्ञ की तैयारी शुरू की। शुभ मुहूर्त में यज्ञ आरंभ किया गया। यज्ञ का अश्व तैयार खड़ा था। रानियों ने उसकी पूजा की।

तभी चारों ओर घना अंधेरा छा गया। कुछ देर बाद जब अंधेरा छँटा तो सभी आश्चर्यचकित रह गए। किसी ने यज्ञ-अश्व चुरा लिया था। तब भगवान् श्रीकृष्ण ने अपनी योग शक्ति से ज्ञात किया कि मायावी और परम शक्तिशाली राजा अनुशाल्व ने घोड़े का अपहरण किया है।

उससे घोड़ा वापस लाने के लिए श्रीकृष्ण ने प्रद्युम्न और वृषकेतु को भेजा। किंतु राजा अनुशाल्व बहुत शक्तिशाली था। उसने उन्हें घायल कर अपनी माया से श्रीकृष्ण के समक्ष पहुँचा दिया। यह देखकर श्रीकृष्ण स्वयं युद्ध करने चल दिए। उसने उन्हें भी घायल करके मूर्च्छित कर दिया और हस्तिनापुर में पहुँचा दिया।

भगवान् श्रीकृष्ण को मूर्च्छित देखकर पांडव भयभीत हो गए। उनका साहस जवाब दे गया। उनकी मनोस्थिति भाँपकर श्रीकृष्ण की रानी सत्यभामा उत्तेजित होकर बोलीं—"लगता है इस सभा में वीरों का अकाल पड़ गया है। श्रीकृष्ण को मूर्च्छित देखकर वीरता की बातें करने वाले भयभीत हो गए हैं। इसलिए अब मैं स्वयं राजा अनुशाल्व से युद्ध करूँगी।"

सत्यभामा की बात सुनकर पांडव लज्जित हो गए और उन्होंने अस्त्र-शस्त्र धारण कर राजा अनुशाल्व पर आक्रमण कर दिया।

दोनों पक्षों में अनेक दिनों तक भयंकर युद्ध हुआ। किंतु अंत में पांडवों ने अनुशाल्व को पराजित कर बाँध लिया। फिर उसे पकड़कर हस्तिनापुर ले आए। वृषकेतु उसके बाल पकड़कर खींचते हुए भगवान् श्रीकृष्ण के पास ले गया।

वीर अनुशाल्व की यह दुर्दशा देखकर भगवान् श्रीकृष्ण शीघ्रता से आगे बढ़े और उसे बंधन मुक्त कर दिया। तत्पश्चात् एक मित्र की भाँति उसका अतिथि-सत्कार किया। शत्रु राजा के प्रति श्रीकृष्ण का व्यवहार देखकर सभाजन आश्चर्यचकित थे। तब श्रीकृष्ण बोले—"राजा अनुशाल्व बड़े वीर, पराक्रमी और धर्मपरायण हैं। ये हमारे शत्रु नहीं बल्कि मित्र हैं। इसलिए मूर्च्छित करने के बाद भी इन्होंने हमें जीवित छोड़ दिया था। इनके मन में कोई बुरा विचार नहीं था। इन्होंने केवल क्षत्रिय धर्म का पालन करने के लिए यज्ञ-अश्व को चुराया था।"

तदंतर राजा अनुशाल्व ने अश्वमेध का घोड़ा लौटा दिया। इस प्रकार युधिष्ठिर का अश्वमेध यज्ञ पूर्ण हुआ।

•••

56

भगवद् ज्ञान

प्राचीन समय की बात है, शूरसेन नामक राज्य में चित्रकेतु नामक एक वीर और पराक्रमी राजा राज्य करते थे। उनके राज्य में पृथ्वी स्वयं ही प्रजा की इच्छानुसार अन्न आदि दे दिया करती थी। चित्रकेतु की एक करोड़ रानियाँ थीं, जिनमें सुंदरता, उदारता, कुलीनता आदि अनेक गुण विद्यमान थे, किंतु फिर भी उन्हें संतान न हुई। वे सदा इसी चिंता में डूबे रहते थे। पृथ्वी के समस्त ऐश्वर्य भी उन्हें प्रसन्न नहीं कर पाते थे।

एक दिन भ्रमण करते हुए महर्षि अंगिरा चित्रकेतु के महल में

पधारे। चित्रकेतु ने उनका सत्कार करने के बाद अपने मन की व्यथा सुनाई। अंगिरा ने उन्हें पुत्रेष्टि यज्ञ करने के लिए कहा। शीघ्र ही चित्रकेतु ने यज्ञ का आयोजन किया। महर्षि अंगिरा यज्ञ के आचार्य बने। यज्ञ सम्पन्न होने पर चित्रकेतु की बड़ी महारानी कृतद्युति को यज्ञ का प्रसाद देते हुए अगिंरा बोले—"इस यज्ञ के प्रसाद से उत्पन्न पुत्र से तुम्हें हर्ष और शोक दोनों ही प्राप्त होंगे।" तत्पश्चात् वे वहाँ से चले गए।

कुछ महीनों के बाद कृतद्युति ने एक पुत्र को जन्म दिया। चित्रकेतु पुत्र के स्नेह में डूबकर महर्षि अंगिरा की चेतावनी भूल गए।

राजा चित्रकेतु की अन्य रानियाँ कृतद्युति से ईर्ष्या करने लगीं। एक दिन उन्होंने उसे विष दे दिया। पुत्र की मृत्यु से दु:खी चित्रकेतु शोक में डूब गए और ज़ोर-ज़ोर से विलाप करने लगे।

जब महर्षि अंगिरा ने देखा कि पुत्र-शोक के कारण चित्रकेतु चेतनाहीन हो रहे हैं और उन्हें समझाने वाला वहाँ कोई नहीं है, तो वे देवर्षि नारद के साथ वहाँ आए और उन्हें समझाते हुए बोले—"राजन! जिस समय मैं प्रथम बार आपके पास आया था, आपको ज्ञान का उपदेश देना चाहता था, किंतु मैंने देखा कि आपके मन में पुत्र की कामना है, इसलिए मैंने ज्ञान न देकर पुत्र प्रदान कर दिया। तब आपकी कल्पना में पुत्र सुख सबसे बड़ा सुख था, लेकिन आज आप स्वयं अनभुव कर रहे हैं कि पुत्रवानों को भी कितना दु:ख भोगना पड़ता है? यह बात केवल पुत्र के लिए नहीं, अपितु स्त्री, घर, ऐश्वर्य, धन, राज्य आदि पदार्थों पर भी लागू होती है। ये दु:ख और शोक के कारण हैं। इसलिए आप अपने मन को शांत करें।"

चित्रकेतु दु:खी होकर बोले—"मुनिवर! आपकी बात अति उत्तम और सर्वथा उचित है, किंतु जिस प्राणी ने अभी इस संसार को जी-भर भी नहीं देखा, उसकी मृत्यु पर शोक अवश्य होता है। इतने ऐश्वर्य और भोगों के बीच उत्पन्न होने के बाद वह इन्हें बिना भोगे ही यहाँ से चला गया, यह सोचकर ही मेरा मन दु:खी हो रहा है।"

जब देवर्षि नारद ने देखा कि चित्रकेतु किसी भी प्रकार से मोह-माया से मुक्त नहीं हो रहे हैं, तो उन्होंने योगविद्या द्वारा बालक की जीवात्मा को बुलाया और बोले—"वत्स! देखो, तुम्हारे माता-पिता तुम्हारे

वियोग में कितने दु:खी और शोकातुर हैं। इसलिए तुम अपने इस शरीर में पुन: आ जाओ और शेष आयु इनके साथ व्यतीत कर अपने पिता के ऐश्वर्य का भोग करो।"

वह जीवात्मा बोली—"मुनिश्रेष्ठ! मैं अपने कर्मानुसार देवता, मनुष्य, पशु, पक्षी आदि अनेक योनियों में भटकता रहा हूँ, उनमें से ये लोग किस जन्म में मेरे माता-पिता हुए, इसका मुझे ज्ञान नहीं है। इस जगत् में केवल श्रीविष्णु ही सब जीवों के उत्पत्तिकर्ता हैं। सभी जीवात्माएँ उनमें विलीन होने की इच्छा करती हैं। किंतु अपने कर्मों का फल भोगे बिना वे उनके परम-धाम को प्राप्त नहीं कर सकतीं। अपने समस्त कर्म भोगने के बाद मनुष्य-योनि से मेरा उद्धार हो गया है और अब मैं परब्रह्म भगवान् विष्णु में लीन हो जाऊँगा। अब भला मैं स्वयं को मोह-माया के बंधन में क्यों डालूँ।" यह कहकर वह जीवात्मा वहाँ से चली गई।

उसकी बात सुनकर चित्रकेतु और कृतद्युति का पुत्र स्नेह खण्डित हो गया और शोक भी समाप्त हो गया। तत्पश्चात् राजा चित्रकेतु ने उसका दाह-संस्कार कर अपना कर्त्तव्य पूर्ण किया।

इस प्रकार देवर्षि नारद ने चित्रकेतु का मोह भंग करके उन्हें भगवद् ज्ञान प्रदान किया।

•••

59

नि:स्वार्थ भक्ति

कण्णप्प एक भीलकुमार था। वह बहुत दयालु था। एक बार वह शिकार खेलते-खेलते वन में दूर निकल गया। वहाँ उसे एक शिव मंदिर दिखाई दिया। उसने यह सोचकर कि अंधेरा हो रहा है, कहीं भयंकर पशु भगवान शिव को कष्ट न पहुँचाएँ; धनुष बाण उठाया और मंदिर के बाहर पहरा देने लगा।

प्रात: उसने शिव पूजा करने का निश्चय किया। उसने फूल तोड़कर अपने केश में लगाए, शहद एकत्रित कर थोड़ा मांस लिया। पत्तों के दोने में नदी का जल लेकर मुँह में भर लिया। इस प्रकार सभी सामग्री

एकत्रित कर वह मंदिर पहुँचा। शिवलिंग पर चढ़े हुए फूल-पत्रों को पैरों से हटाकर उसने मांस और शहद का दोना एक ओर रखा। फिर मुँह में भरे जल को मूर्ति पर उड़ेल दिया। तंदतर सभी वस्तुएँ अर्पित कर वहाँ से चला गया।

थोड़ी देर बाद एक ब्राह्मण मंदिर में आया। वह पास के गाँव में रहता था और प्रतिदिन पूजा-अर्चना करने वहाँ आता था। मंदिर में मांस देखकर वह बड़ा दु:खी हुआ। उसने जल से पूरे मंदिर की सफाई की। लेकिन अब उसे प्रतिदिन सुबह मंदिर में मांस दिखाई देने लगा।

एक दिन उसने छिपकर देखा कि एक भील बालक मांस लेकर पहुँचा। वह कण्णप्प था। मंदिर में प्रवेश करते ही कण्णप्प ने देखा कि शिवजी की मूर्ति के एक नेत्र से रक्त निकल रहा था। यह देख वह दु:ख से रोने लगा कि किसी पापी ने भगवान् का नेत्र फोड़ दिया था। उसने इधर-उधर देखा, कोई दिखाई नहीं दिया। उसने रक्त को रोकने का बहुत प्रयास किया। लेकिन जब असफल रहा तो तीर से अपना एक नेत्र निकालकर मूर्ति के नेत्र वाले स्थान पर लगा दिया।

ऐसा करते ही मूर्ति के पहले नेत्र से रक्त निकलना बंद हो गया लेकिन दूसरे से रक्त बहना आरम्भ हो गया। यह देखकर कण्णप्प ने जैसे ही तीर से अपना दूसरा नेत्र निकालना चाहा, तभी वहाँ भगवान् शिव प्रकट हो गए।

उन्होंने उसका नेत्र पुन: ठीक कर दिया। फिर उसे मोक्ष का वर देकर अंतर्धान हो गए। उसके कारण ब्राह्मण ने भी भोलेनाथ के दर्शन पाकर अपना जीवन सफल कर लिया।

यह नि:स्वार्थ भक्ति की अनुपम कथा है। ऐसी भक्ति से ही भगवान् प्रसन्न होते हैं।

•••

60

बैल का गोबर

प्राचीनकाल में वेदमुनि नामक एक विद्वान ऋषि हुए। वे राजा जनमेजय और पौष्य के राजगुरु थे। उनके अनेक शिष्य थे। उनमें उत्तंक बहुत बुद्धिमान और आज्ञाकारी था। वे उसे सबसे अधिक चाहते थे। जब भी किसी कार्य से वे बाहर जाते तो आश्रम का सारा भार उसे सौंप देते थे।

एक बार किसी कार्यवश उन्हें कहीं बाहर जाना पड़ा। जाने से पूर्व वे उत्तंक को आश्रम के सभी कार्य करने को कह गए। कुछ दिन बाद गुरु की पत्नी निमित्त ने उत्तंक के पास संदेश भेजा—'मेरा ऋतुकाल

आरंभ हो चुका है। वह नष्ट न हो उसके लिए आज रात्रि तुम मेरे साथ विश्राम करो। क्योंकि गुरुदेव ने तुम्हें सभी कार्य करने की आज्ञा दी है।' प्रत्युत्तर में उत्तंक ने कहलवाया—'गुरुजी ने मुझे उचित कार्य करने की आज्ञा दी है। अनुचित कार्य मैं नहीं करूँगा। यह गुरु के प्रति अपराध है।'

वापस आने पर वेदमुनि को इस बात का पता चला। वे अत्यंत प्रसन्न हुए और उत्तंक को आशीर्वाद दिया कि वह सभी शास्त्रों का विद्वान बने।

जब उत्तंक की शिक्षा समाप्त हुई तो उन्होंने वेदमुनि से गुरु दक्षिणा के लिए कहा। उन्होंने गुरु दक्षिणा लेने से इंकार कर दिया। लेकिन उत्तंक नहीं माना। तब उन्होंने उन्हें अपनी पत्नी के पास भेजा कि 'गुरु दक्षिणा में तुम उसे इच्छित वस्तु दे दो।'

उत्तंक ने गुरुपत्नी से उनकी प्रिय वस्तु के बारे पूछा तो वह बोली—"आज से चौथे दिन पुण्यक नामक व्रत है। उस अवसर पर मुझे वे दिव्य कुंडल चाहिएँ जो राजा पौष्य की रानी ने पहन रखे हैं।" उत्तंक उसी समय वे कुंडल लेने चल दिए।

मार्ग में उन्हें बैल पर सवार देवराज इन्द्र मिले। उन्होंने उनके कल्याण के लिए उन्हें बैल का गोबर खिलाया।

उत्तंक राजा पौष्य के महल में पहुँचे। पौष्य ने उनका सत्कार किया और वहाँ आने का उद्देश्य पूछा। उत्तंक बोले—"राजन! मुझे गुरु दक्षिणा देनी है। गुरु दक्षिणा में गुरुपत्नी ने आपकी रानी के कुंडल माँगे हैं। अतः आप वे कुंडल मुझे देने की कृपा करें।"

पौष्य बोले—"ब्राह्मणदेव! आप स्वयं रानी से उनके कुंडल माँग लें।"

उत्तंक ने रानी से कुंडल देने की प्रार्थना की। तब रानी कुंडल देते हुए बोली—"ब्राह्मणदेव! इन्हें ले जाते समय सावधानी बरतें क्योंकि तक्षक नाग सदैव इनकी फिराक में रहता है असावधानी होने पर वह इन्हें ले जा सकता है।" कुंडल लेकर उत्तंक आश्रम की ओर चल दिए।

मार्ग में एक सरोवर देख उनके मन में स्नान करने का विचार उत्पन्न हुआ। वे अपने वस्त्र और कुंडल तट पर रखकर स्नान करने

लगे। तभी मनुष्य वेश में तक्षक नाग आया और उनके सामने ही कुंडल चुराकर भागा। उन्होंने उसका पीछा किया। किंतु तक्षक अपने वास्तविक रूप में आकर नागलोक में भाग गया। उत्तंक ने देवराज इन्द्र से सहायता की प्रार्थना की। इन्द्र उसी समय नागलोक गए और तक्षक से कुंडल लेकर उत्तंक मुनि को लौट दिए।

इधर, चौथे दिन पुण्यक व्रत पर गुरुपत्नी उत्तंक के लौटने की प्रतीक्षा कर रही थी। तभी वे वहाँ पहुँचे और कुंडल दे दिए। गुरुपत्नी बोली—"उत्तंक! तुम थोड़ा और विलंब करते तो मैं तुम्हें शाप दे देती लेकिन अब मैं तुमसे प्रसन्न हूँ और तुम्हें आशीर्वाद देती हूँ कि तुम सर्वसिद्धि के ज्ञाता बनो।"

गुरुपत्नी से आशीर्वाद प्राप्त कर उत्तंक गुरु के पास पहुँचे और सारी घटना विस्तार से बताई। उत्तंक ने इन्द्र द्वारा गोबर दिए जाने वाली बात भी बताई। तब गुरु बोले—"वत्स! इन्द्र से मेरी मित्रता है। उन्होंने तुम्हें जो गोबर खिलाया था वास्तव में वह अमृत था। उसी के प्रताप से तुम कुंडल ला सके।"

फिर गुरु से आशीर्वाद लेकर उत्तंक अपने घर लौट गए।

•••

61

गयासुर

असुर कुल में गय नामक एक राक्षस ने जन्म लिया। लेकिन फिर भी वह पुण्यात्मा के रूप में बड़ा हुआ। उसमें आसुरी गुण नहीं थे। वह भगवान् विष्णु का परम भक्त था। एक बार उसके मन में विचार आया कि वह कोई ऐसा कार्य करे जिससे उसके दर्शन मात्र से ही सब लोग पापों से मुक्त हो जाएँ। यह सोचकर उसने श्रीविष्णु को प्रसन्न करने का निश्चय किया और कोलाहल नामक पर्वत पर जाकर घोर तपस्या करने लगा।

तप करते सैकड़ों अनेक वर्ष बीत गए। अंत में प्रसन्न होकर भगवान् विष्णु ने दर्शन दिए और तप करने का कारण पूछा।

गय बोला—"प्रभु! आपके दर्शन से मुझे ऐसा लग रहा है मानो आपका यह रूप मुझ में समा गया हो और मेरे सभी पाप धुल गए हों। इसलिए मैं चाहता हूँ कि आप इसी रूप से मेरे शरीर में रहें। जो भी मुझे देखे उसे आपके दर्शन हों और उसके सभी पाप नष्ट हो जाएँ। उसे स्वर्ग में स्थान मिले। मैंने तप करके जो पुण्य प्राप्त किया है, मेरे दर्शन करने वाले को भी वह पुण्य सहज प्राप्त हो।"

भगवान् विष्णु उसे इच्छित वर देकर अंतर्धान हो गए।

गय ने निश्चय किया कि वह विभिन्न स्थानों पर जा-जाकर लोगों को पापों से मुक्ति दिलाएगा। इसलिए वह घूम-घूमकर लोगों को दर्शन देने लगा। उसके दर्शन से लोगों के पाप नष्ट होने लगे और उन्हें स्वर्ग प्राप्त होने लगा।

यह देखकर यमराज विचलित हो गए। यमलोक का कार्य रुक गया। तब वे ब्रह्माजी के पास पहुँचे। उनकी सहायता के लिए ब्रह्माजी गय के समक्ष प्रकट हुए और बोले—"वत्स! हम तुम्हारे शरीर पर यज्ञ करना चाहते हैं। इसके लिए मैं तथा अन्य देव तुम्हारी पीठ पर बैठकर तुम्हें एक स्थान पर स्थिर कर देते हैं।" यह सुनकर गय बोला—"ब्रह्मदेव! आपका विचार अति उत्तम है। मैं सहर्ष तैयार हूँ।"

यज्ञ आरंभ हुआ। गय की पीठ पर एक बड़ा पत्थर रखा गया। उस पर सभी देवता, ब्रह्माजी एवं यमराज विराजमान हो गए। लेकिन वे गय को स्थिर न कर सके। तब ब्रह्माजी के परामर्श से सभी ने श्रीविष्णु को प्रसन्न कर उन्हें सारी बात बताई।

तब विष्णुजी भी सभी के साथ उसकी पीठ पर बैठे। इस प्रकार गय स्थिर हुआ। यह सब देखकर वह बोला—"प्रभु! आपकी मर्यादा को ध्यान में रखकर वचन देता हूँ कि मैं घूम-घूमकर लोगों को उनके पापों से मुक्ति नहीं दिलाऊँगा। उन्हें उनके कर्मों के अनुसार ही फल मिलेगा। प्रभु! आप मुझे शिला के रूप में बदल कर यहाँ स्थिर कर दें।"

यह सुनकर श्रीविष्णु प्रसन्न होकर बोले—"वत्स! तुम्हारा यह त्याग देखकर मैं बहुत प्रसन्न हूँ। यदि तुम्हारी कोई और इच्छा हो तो कहो।"

गय बोला—"भगवन्! आप सभी अप्रत्यक्ष रूप से मुझ शिला पर सदैव विराजमान रहें। यह स्थान धार्मिक कृत्यों के लिए प्रमुख तीर्थ बन

जाए। जो भी व्यक्ति यहाँ पितृों के लिए श्राद्ध कर्म करे, उसके पितृों को नरक की पीड़ा से मुक्ति मिले। उन्हें उनके पाप कर्मों से छुटकारा मिले।"

श्रीहरि बोले—"गय! तुमने पहले भी लोक हित के लिए वर माँग कर लोगों को पापों से मुक्त किया था। आज मृत्यु से पूर्व भी तुम्हारे मन में लोक हित की भावना है। इसलिए हम तुम्हें अभीष्ट वर प्रदान करते हैं। यह तीर्थ गया नाम से प्रसिद्ध होगा। यह पर्वत गयशिर नाम से प्रसिद्ध होगा। जो भी मनुष्य इस क्षेत्र में आकर इस शिला के दर्शन करके श्राद्धादि कर्म करेगा वह अपने पितृों को पापों से मुक्ति दिलायेगा। जो मनुष्य गयशिर पर्वत की परिक्रमा और फल्गु नदी में स्नान करके पिंडदान करेगा, उसके पुण्यों में भी वृद्धि होगी, साथ ही पितृों को भी मुक्ति मिलेगी।" अभीष्ट वर पाकर गय धन्य हो गया।

आज गया नामक स्थान पर विष्णुजी का मंदिर है। उसके निकट ही एक शिला स्थिर है। यह तीर्थ स्थान पितृों के श्राद्धादि, पिण्ड दानादि कर्मों के लिए प्रसिद्ध है।

इस प्रकार एक असुर होते हुए भी गय ने जनकल्याण की भावना को ध्यान में रखकर वरदान माँगा। अपनी उसी भावना के कारण वह आज भी पूजनीय है।

•••

63

सती सावित्री

सावित्री राजा अश्वपति की इकलौती पुत्री थी। वह बड़ी रूपवती थी। एक बार कि बात है वह अपने योग्य उचित वर की खोज में एक आश्रम के पास से निकली। वहाँ उसकी दृष्टि घुमत्सेन के पुत्र सत्यवान पर पड़ी। उसने उसे अपने वर के रूप चुन लिया। शुभ मुहूर्त में अश्वपति ने सावित्री का विवाह सत्यवान के साथ कर दिया। उसके साथ वन में रहते हुए वह पतिव्रत धर्म का पालन करने लगी।

एक बार देवर्षि नारद भ्रमण करते हुए उनके आश्रम में पहुँचे। सावित्री ने उनका यथोचित सत्कार किया। तब नारदजी ने उसे बताया कि उसके पति की आयु मात्र एक वर्ष ही शेष है। यह कहकर वे वहाँ से चले गए।

सावित्री को अपने पतिव्रत धर्म पर पूर्ण विश्वास था। वह जी-जान से पति की सेवा में जुट गई। अब वह सदा पति की छाया बनकर उसके साथ रहती थी। धीरे-धीरे एक वर्ष बीत गया।

एक दिन सत्यवान लकड़ियाँ काटने वन में गया। सावित्री भी उसके साथ थी। वह एक पेड़ पर चढ़ कर लकड़ियाँ काटने लगा। लेकिन चक्कर आने के कारण वह जल्दी ही नीचे उतर आया। पति को लेटाकर सावित्री ने उसका सिर अपनी गोद में रख लिया और अपने आंचल से हवा करने लगी। थोड़ी देर बाद उसने देखा कि भैंसे पर सवार काले रंग के एक दिव्य पुरुष प्रकट हुए। उन्होंने सत्यवान के शरीर से प्राण निकाले और चल दिए। यह देख सावित्री उनका मार्ग रोककर बोली—"भगवन्! आप कौन हैं? मेरे पति के प्राण कहाँ लिए जा रहे हैं?"

वे दिव्य पुरुष बोले—"देवी! मैं यमराज हूँ। सत्यवान की आयु पूर्ण हो चुकी है किंतु तुम्हारे सतीत्व के कारण मेरे दूत सत्यवान के प्राण न ले जा सके। इसलिए मुझे स्वयं आना पड़ा। अब मैं इसके प्राण लेकर यमलोक जा रहा हूँ।" यह कहकर वे आगे चल दिए। सावित्री भी उनके पीछे-पीछे चलने लगी। यह देखकर वे बोले—"देवी! अभी तुम्हारी आयु शेष है। इसलिए तुम यमलोक नहीं जा सकती। वापस लौट जाओ।"

सावित्री बोली—"भगवन्! विवाह के समय मैंने यह शपथ ली थी कि जीवन भर पति का अनुसरण करूँगी। इसलिए जहाँ मेरे पति जाएँगे, मैं भी वहीं जाऊँगी। कृपया आप मुझे मेरे धर्म से विमुख नहीं करें।"

यमराज ने सावित्री को अनेक प्रकार से समझाने का प्रयास किया, किंतु वह नहीं मानी। अंत में उन्होंने इच्छित वरदान माँगने के लिए कहा।

तब सावित्री वरदान माँगते हुए बोली—"भगवन्! मेरी इच्छा है कि

मेरे श्वशुर को उनका राज्य वापस मिल जाए। वे अपने पौत्रों को खेलते हुए देखें।"

तथास्तु कहकर यमराज पुनः यमलोक की ओर चल दिए। सावित्री पुनः उनके पीछे चलने लगी।

कुछ दूर चलकर यमराज ने पीछे मुड़कर देखा तो आश्चर्यचकित होकर बोले—"कल्याणी! मैंने तुम्हें मनचाहा वरदान दे दिया। फिर अब तुम मेरे पीछे क्यों आ रही हो? जाओ, घर लौट जाओ।"

सावित्री बोली—"भगवन्! आपने मेरे श्वशुर को पौत्र देखने का वर दिया है लेकिन मेरे पति के बिना यह कैसे संभव होगा?"

यमराज को अपने दिए वर का ज्ञान हुआ तो वे सावित्री की बुद्धिमता से बड़े प्रसन्न हुए। उन्होंने उसी समय सत्यवान के प्राण वापस कर दिए और दोनों को दीर्घायु का वरदान देकर वहाँ से चले गए।

इस प्रकार सावित्री ने अपनी पतिव्रत धर्म के बल पर यमराज को भी विधि का नियम बदलने के लिए विवश कर दिया।

•••

64

सर्प-सर्प

एक बार की बात है, देवराज इन्द्र के हाथों त्वष्टा मुनि के पुत्र वृत्रासुर का वध हो गया था। वृत्रासुर ब्राह्मण पुत्र था इसलिए इन्द्र ब्रह्म हत्या के भागी बने। सभी ब्रह्म हत्यारा कहकर उनका अपमान करने लगे। लज्जावश इन्द्र सरोवर में उगे एक कमल की नाल में जाकर छिप गए। वे वहाँ एक हज़ार वर्षों तक छिपे रहे।

इधर, देवराज इन्द्र की अनुपस्थिति से स्वर्ग में अव्यवस्था फैल गई। रिक्त सिंहासन देखकर दैत्य स्वर्ग पर आक्रमण कर सकते हैं, यह सोचकर देवगुरु बृहस्पति ने राजा नहुष का अभिषेक कर उन्हें स्वर्ग का कार्यभार सौंप दिया।

'मेरे समान वीर और बलशाली संसार में दूसरा कोई नहीं है।

इसलिए बृहस्पति ने मुझे इन्द्र-पद के लिए चुना।' यह सोचकर नहुष अहंकार से भर उठा।

एक बार उसकी कुदृष्टि इन्द्र की पत्नी शची पर पड़ी। शची के रूप-सौंदर्य को देख वह उस पर मोहित हो गया। उसने शची से कहा—"देवी! अब मैं ही इन्द्र हूँ। इसलिए मुझे अपनी सेवा में स्वीकार करो।"

पतिव्रता शची नहुष की बात सुनकर तिलमिला उठी। नहुष का सामना कोई नहीं कर सकता, यह वह अच्छी तरह जानती थी। अत: उसने देवगुरु बृहस्पति से सहायता की प्रार्थना की। बृहस्पति स्वयं भी नहुष के अहंकार को देख रहे थे। इसलिए उससे छुटकारा पाने के लिए उन्होंने शची को एक उपाय बताया।

तब शची ने नहुष के पास संदेश भिजवाया—"यदि आप मुझसे विवाह करना चाहते हैं तो आपको किसी ऐसी सवारी में बैठकर आना होगा, जिसे ऋषि-मुनि ढोकर लाएँ। ऐसा करने से आपका तेज और निखर उठेगा।"

नहुष ने उसी समय अगस्त्य आदि प्रसिद्ध ऋषि-मुनियों को बुलाकर, उन्हें शची की शर्त सुनाई। दैववश वे इस कार्य के लिए सहमत हो गए। नहुष ने शीघ्र ही पालकी मँगवाई और अगस्त्य सहित अनेक ऋषि-मुनियों को उसे ढोने के लिए नियुक्त कर 'सर्प-सर्प' अर्थात् 'चलो-चलो' कहने लगा। शची के प्रेम डूबे नहुष की बुद्धि नष्ट हो चुकी थी। उसे तो केवल शची को पाने की जल्दी थी अत: सर्प-सर्प कहते हुए उसने अगस्त्य मुनि के सिर पर लात से प्रहार किया और अन्य ऋषियों पर कोड़े बरसाने लगा। इससे अगस्त्य मुनि क्रोधित हो गए और उन्होंने नहुष को उसी क्षण सर्प बनकर पृथ्वी पर गिर जाने का शाप दे दिया।

नहुष तत्काल एक विशाल सर्प बनकर पृथ्वी पर जा गिरा। तब देवगुरु बृहस्पति अन्य देवताओं के साथ इन्द्र के पास गए और उन्हें सम्मान के साथ स्वर्ग में वापस ले आए।

इस प्रकार राजा नहुष इन्द्र-पद पर आसीन होने के बाद अपने अहंकार के कारण सर्प बन गया। महाभारत के अनुसार, बाद में राजा युधिष्ठिर के दर्शन करने से नहुष सर्प योनि से मुक्त हुआ।

65

सुवर्णष्ठीवी

प्राचीन समय में सृंजय नामक एक प्रसिद्ध राजा हुए। उनकी एक पुत्री थी, जिसका विवाह देवर्षि नारद के साथ हुआ। राजा सृंजय पुत्र प्राप्ति के लिए अनेक सद्कर्म करते थे। किंतु उन्हें पुत्र न हुआ।

एक बार उन्होंने देवर्षि नारद से इसका उपाय पूछा। तब वे बोले—"राजन! मैं आपकी इच्छा अवश्य पूरी करूँगा। कृपया बताएँ, आप कैसा पुत्र चाहते हैं।"

नारदजी की बात सुनकर सृंजय के मन में लालच उत्पन्न हो गया। मनचाहा पुत्र पाने का अवसर देख वे बोले—"देवर्षि! मैं ऐसा पुत्र चाहता हूँ जो वीर, विद्वान, सुंदर और गुणवान हो। साथ ही वह जो मल,

मूत्र और थूक त्यागे, वह स्वर्ण का हो।" देवर्षि नारद ने उन्हें इच्छित वर दे दिया।

कुछ समय बाद उसकी रानी ने एक पुत्र को जन्म दिया। उसका नाम सुवर्णष्ठीवी रखा गया। वह राजा की इच्छा के अनुरूप ही था। धीरे-धीरे यह बात चारों ओर फैल गई कि राजकुमार के शरीर से स्वर्ण निकलता है। यह खबर चोरों को भी ज्ञात हुई और उन्होंने राजकुमार का अपहरण कर लिया। किंतु उसे जंगल में अधिक दिनों तक नहीं छिपाया जा सकता था। इसलिए चोरों ने यह सोचकर राजकुमार को मार डाला कि 'इसके शरीर में जितना सोना है एक ही बार में निकाल लेते हैं।' परंतु उन्हें रक्त-मांस के अतिरिक्त कुछ नहीं मिला।

इस प्रकार लालच के कारण राजा सृंजय को अपने पुत्र से हाथ धोना पड़ा। (कुछ शास्त्रों के अनुसार देवर्षि नारद ने राजकुमार को पुनर्जीवित कर दिया था।)

•••

66

कामदेव का पुनर्जन्म

एक बार तपस्या में विघ्न डालने के कारण भगवान् शिव ने कामदेव को भस्म कर दिया था। बाद में रति (काम की पत्नी) और देवताओं की प्रार्थना से प्रसन्न होकर उन्होंने काम को वर दिया था कि भगवान् श्रीकृष्ण की पत्नी रुक्मिणी के गर्भ से वह पुनः जन्म लेगा। शम्बरासुर नामक दैत्य के महल में कामदेव और रति का पुनर्मिलन होगा। पति-मिलन की प्रतीक्षा में रति शम्बरासुर के महल में दासी के रूप में रहने लगी। उसने अपना नाम मायावती रख लिया था।

भगवान् शिव के वरदान के कारण कामदेव रुक्मिणी के गर्भ से उत्पन्न हुए। उनका नाम प्रद्युम्न रखा गया। दैत्य शम्बरासुर को यह शाप था कि उसकी मृत्यु कृष्ण-पुत्र प्रद्युम्न के हाथों निश्चित है। इसलिए जन्म के कुछ दिन बाद ही उसने प्रद्युम्न का हरण कर लिया और उन्हें समुद्र में फेंक दिया। वहाँ उन्हें एक विशाल मछली निगल गई। दैववश वह मछली मछुआरों द्वारा पकड़ी गई और उन्होंने उसे उपहारस्वरूप शम्बरासुर को भेंटकर दिया।

रसोइयों ने जब मछली का पेट चीरा तो प्रद्युम्न जीवित निकल आए। उस दिनों मायावती (रति) रसोई की देखरेख करती थी। अतः रसोइयों ने वह बालक मायावती को सौंप दिया। तभी नारदजी ने वहाँ आकर मायावती को प्रद्युम्न के पूर्व जन्म के विषय में बताया। अपने पति को पुनः पाकर मायावती (रति) अत्यंत प्रसन्न हुई और उनका पालन-पोषण करने लगी।

धीरे-धीरे प्रद्युम्न युवा हो गए। मायावती ने उन्हें अतीत की सभी बातें बता दीं। तब प्रद्युम्न ने शम्बरासुर का वध कर दिया और मायावती को साथ लेकर द्वारिका लौट आए।

जब वे द्वारिका पहुँचे तो उन्हें देखकर सभी विस्मित रह गए। वे बिल्कुल भगवान् श्रीकृष्ण की प्रतिमूर्ति थे। तभी वहाँ देवर्षि नारद आ गए। उन्होंने सारी बातें स्पष्ट कर दीं। 'यह मेरा खोया हुआ पुत्र है', यह जानकर रुक्मिणी ने प्रद्युम्न को गले से लगा लिया। श्रीकृष्ण ने उन्हें आशीर्वाद दिया। इस प्रकार वे द्वारिका ही रहने लगे।

इस प्रकार कामदेव के जन्म की यह कथा बड़ी विचित्र है। उन्हें उनकी पत्नी ने ही पाला। यह सब प्रभु की लीला का चमत्कार है।

•••

67

त्रिदेवों की परीक्षा

महर्षि भृगु ब्रह्माजी के मानस पुत्र थे। उनकी पत्नी का नाम ख्याति था जो दक्ष कि पुत्री थी। महर्षि भृगु सप्तर्षिमंडल के एक ऋषि हैं। सावन और भाद्रपद में वे भगवान् सूर्य के रथ पर सवार रहते हैं।

एक बार की बात है, सरस्वती नदी के तट पर ऋषि-मुनि एकत्रित होकर इस विषय पर चर्चा कर रहे थे कि ब्रह्माजी, शिवजी और श्रीविष्णु में सबसे बड़ा और श्रेष्ठ कौन है? इसका कोई निष्कर्ष न निकलता देख उन्होंने त्रिदेवों की परीक्षा लेने का निश्चय किया और ब्रह्माजी के मानस पुत्र महर्षि भृगु को इस कार्य के लिए नियुक्त किया।

महर्षि भृगु सर्वप्रथम ब्रह्माजी के पास गए। उन्होंने न तो प्रणाम किया और न ही उनकी स्तुति की। यह देख ब्रह्माजी क्रोधित हो गए। क्रोध की

अधिकता से उनका मुख लाल हो गया। आँखों में अंगारे दहकने लगे। लेकिन फिर यह सोचकर कि ये उनके पुत्र हैं, उन्होंने हृदय में उठे क्रोध के आवेग को विवेक-बुद्धि से दबा लिया।

वहाँ से महर्षि भृगु कैलाश गए। देवाधिदेव भगवान् महादेव ने देखा कि भृगु आ रहे हैं तो वे प्रसन्न होकर अपने आसन से उठे और उनका आलिंगन करने के लिए भुजाएँ फैला दीं। किंतु उनकी परीक्षा लेने के लिए भृगु मुनि उनका आलिंगन अस्वीकार करते हुए बोले—"महादेव! आप सदा वेदों और धर्म की मर्यादा का उल्लंघन करते हैं। दुष्टों और पापियों को आप जो वरदान देते हैं, उनसे सृष्टि पर भयंकर संकट आ जाता है। इसलिए मैं आपका आलिंगन कदापि नहीं करूँगा।"

उनकी बात सुनकर भगवान् शिव क्रोध से तिलमिला उठे। उन्होंने जैसे ही त्रिशूल उठा कर उन्हें मारना चाहा, वैसे ही भगवती सती ने बहुत अनुनय-विनय कर किसी प्रकार से उनका क्रोध शांत किया।

इसके बाद भृगु मुनि वैकुण्ठ लोक गए। उस समय भगवान् श्रीविष्णु देवी लक्ष्मी की गोद में सिर रख कर लेटे थे। भृगु ने जाते ही उनके वक्ष पर एक तेज़ लात मारी। भक्त-वत्सल भगवान् विष्णु शीघ्र ही अपने आसन से उठ खड़े हुए और उन्हें प्रणाम करके उनके चरण सहलाते हुए बोले—"भगवन्! आपके पैर पर चोट तो नहीं लगी? कृपया इस आसन पर विश्राम कीजिए। भगवन्! मुझे आपके शुभ आगमन का ज्ञान न था। इसलिए मैं आपका स्वागत नहीं कर सका। आपके चरणों का स्पर्श तीर्थों को पवित्र करने वाला है। आपके चरणों के स्पर्श से आज मैं धन्य हो गया।"

भगवान् विष्णु का यह प्रेम-व्यवहार देखकर महर्षि भृगु की आँखों से आँसू बहने लगे। तदंतर वे ऋषि-मुनियों के पास लौट आए और ब्रह्माजी, शिवजी और श्रीविष्णु के यहाँ जो अनुभव हुए, सब विस्तार से कह बताया। उनके अनुभव सुनकर सभी ऋषि-मुनि बड़े विस्मित हुए और उनके सभी संदेह दूर हो गए। तभी से वे भगवान् विष्णु को सर्वश्रेष्ठ मानकर उनकी पूजा-अर्चना करने लगे।

वास्तव में उन ऋषि-मुनियों ने अपने लिए नहीं, बल्कि मनुष्यों के संदेहों को मिटाने के लिए ही ऐसी लीला रची थी। •••

68

फूल चोरी की सज़ा

प्राचीन समय की बात है, पृथ्वी पर भगवान् नृसिंह के मंदिर के निकट एक माली की पुष्प वाटिका थी। उसमें अनेक सुंदर व सुगंधित पुष्प उगते थे। माली प्रतिदिन फूलों की एक माला बनाकर भगवान् नृसिंह पर चढ़ाता और शेष फूलों को बाज़ार में बेच देता था। इस प्रकार वह सुखपूर्वक जीवन व्यतीत कर रहा था।

एक बार की बात है, इन्द्र–पुत्र जयंत पृथ्वी पर घूमने आया। रात्रि का समय था। भ्रमण करते हुए जब वह माली की बगिया के पास से निकला तो फूलों की भीनी-भीनी महक ने उसे मदहोश-सा कर दिया। उसने बगिया के सारे फूल तोड़े और स्वर्ग चला गया। दूसरे दिन माली की पत्नी फूल तोड़ने गई तो सन्न रह गई।

माली को सारी बात बताई। वह भी आश्चर्य करने लगा।

अगले दिन भी ऐसा ही हुआ। वह न तो भगवान् नृसिंह को फूल चढ़ा पाया और न ही बेच सका। परिवार को भूखा सोना पड़ा। अगली रात माली ने पहरा देने का निश्चय किया। वह रात भर जागकर पहरा देता रहा किंतु फिर भी फूल चोरी हो गए। जयंत अदृश्य रूप में सारे फूल ले गया। यह देखकर माली ने भगवान् नृसिंह से सहायता की विनती की।

भगवान् नृसिंह ने माली को स्वप्न में दर्शन देकर कहा कि फूल चुराने वाला इन्द्र-पुत्र जयंत है। वही सारे फूल ले जाता है। कल रात तुम मेरे चरणों में पड़ी पूजा सामग्री बगिया में बिखेर देना।" यह कहकर भगवान् अदृश्य हो गए।

दूसरे दिन माली ने भगवान् के आदेश के अनुसार कार्य किया। रात के समय जयंत आया और फूल तोड़ने लगा। वह वहाँ बिखरी पूजा की सामग्री को लाँघता गया। इससे वह शक्तिहीन होकर वहीं खड़ा रह गया। बगिया के बाहर सारथी उसकी प्रतिक्षा कर रहा था। भोर होने वाली थी, सारथी ने वापस चलने के लिए कहा। लेकिन जयंत तो वहाँ जड़ हो चुका था। उसकी यह दशा देखकर सारथी दंग रह गया।

तभी वहाँ आकाशवाणी हुई—"जयंत तुमने पौधों के पास पड़ी पूजा सामग्री को लाँघा है जो नृसिंह जी पर चढ़ी थी। साथ ही तुमने एक गरीब भक्त के फूलों की चोरी की है। इसलिए जब तक तुम अपने पाप का प्रायचिश्त नहीं करोगे, स्वर्ग नहीं जा सकोगे। जयंत! कुरुक्षेत्र में परशुराम यज्ञ कर रहे हैं। वह बारह वर्षों तक चलेगा। यज्ञ में हज़ारों ब्राह्मण प्रतिदिन भोजन ग्रहण करेंगे। तुम वहाँ जाकर ब्राह्मणों के जूठे बर्तनों को साफ करो। यही तुम्हारे पापों का प्रायश्चित है।"

आकाशवाणी समाप्त होते ही जयंत का मुकुट और आभूषण अदृश्य हो गए। वह एक साधारण मनुष्य के समान हो गया। उसके पैर भी ठीक हो गए। सारथी को वापस भेजने के बाद वह अपने पापों का दण्ड भोगने के लिए यज्ञस्थल की ओर चल दिया। वहाँ उसने बारह वर्षों तक ब्राह्मणों के झूठे पात्रों को साफ किया। तत्पश्चात् पापमुक्त होकर वापस इन्द्रलोक चला गया।

इधर, माली की बगिया पुनः फूलों से लद गई और उसकी दिनचर्या पहले जैसी हो गयी। •••

69

राजा बना शेर

प्रभंजन एक शक्तिशाली और प्रतापी राजा था। उसे शिकार का बहुत शौक था।

एक बार की बात है, वह शिकार खेलने वन में गया। शिकार खेलते-खेलते उसे झाड़ियों में एक हिरणी बैठी दिखाई दी। राजा ने लक्ष्य साधकर बाण चला दिया। बाण लगते ही हिरनी दर्द से छटपटाने लगी।

जब प्रभंजन निकट पहुँचा तो हिरणी क्रुद्ध होकर बोली—"राजन! मैं अपने शिशु को दूध पिला रही थी कि तुमने बाण मारकर मुझे घायल कर दिया। तुम्हारा यह कार्य क्षत्रियों के अनुरूप नहीं है। इसलिए मैं तुम्हें शेर बनने का शाप देती हूँ।"

हिरणी की बात सुनकर प्रभंजन बड़ा दुःखी हुआ और क्षमा माँगने लगा। तब हिरनी बोली—"राजन! शाप कभी लौटाया नहीं जा सकता। लेकिन मैं तुम्हें इस शाप से मुक्ति का उपाय बता सकती हूँ। तुम सौ वर्षों तक शेर बनकर भटकते रहोगे। फिर नन्दा नामक गाय से सामना

होने पर तुम शाप से मुक्ति पा सकोगे।"

इतना कहते ही हिरनी के प्राण निकल गए और शाप के प्रभाव से प्रभंजन शेर में बदल गया। वह वन में रहकर अपने पाप का प्रायचिश्चत करने लगा। इस प्रकार सौ वर्ष बीत गए।

निकट ही गोकुल नामक एक ग्राम था। गोकुल में नंद नामक गोप के पास एक गाय थी, जिसका नाम नंदा था। नंदा सभी गायों में श्रेष्ठ थी। उसका कंठ नीला था। वह मधुर स्वर में रँभाती थी।

एक दिन घास चरते-चरते नंदा अन्य गायों से बिछडकर एक गुफा के निकट पहुँची। उस गुफा में प्रभंजन शेर के रूप में रहता था। स्वस्थ और सुंदर गाय को देखकर उसके मुँह में पानी आ गया और उसने झपट्टा मारकर नंदा को पकड़ लिया।

वह उसे खाने लगा तो नंदा गिड़गिड़ाते हुए बोली—"हे वनराज! मुझे छोड़ दो। मेरा बछड़ा भूख से व्याकुल होकर मेरी प्रतीक्षा कर रहा होगा। कृपया मुझे जाने दो। मैं वचन देती हूँ कि उसे दूध पिला कर वापस आ जाऊँगी। तब आप मुझे खाकर अपना पेट भर लेना।"

नंदा की करुण विनती सुनकर शेर का दिल पसीज गया और उसने यह कहते हुए उसे छोड़ दिया कि 'बछड़े को दूध पिलाकर शीघ्र लौट आना।'

नंदा शीघ्रता से घर पहुँची और बछड़े को दूध पिलाकर बहुत प्यार किया। फिर उसे अन्य गायों को सौंपकर वापस शेर के पास आ गई।

गाय की वचनबद्धता देखकर शेर प्रसन्न होकर बोला—"हे सत्यवचन गाय! अब मैं तुम्हारा भक्षण नहीं कर सकता, क्योंकि जो अपने वचन का पालन करते हैं उनका कभी अहित नहीं हो सकता। सत्य ही ईश्वर है और सत्य में ही समस्त सृष्टि व्याप्त है। तुमने मुझ पापी को सत्य का ज्ञान दिया है। तुम वास्तव में पूजनीय हो। अब कृपया ऐसा कार्य बताओ जिससे मेरे सभी पाप नष्ट हो जाएँ।"

यह सुनकर नंदा बोली—"व्याघ्रराज! सतयुग में तप, त्रेता में ज्ञानार्जन, द्वापर में यज्ञ और कलियुग में दान सर्वश्रेष्ठ कहे गए हैं। प्राणियों को युगों के अनुसार ही पुण्य कार्य करने चाहिएँ। तभी वे फलदायक होते हैं। इससे मनुष्य के सभी पाप नष्ट हो जाते हैं।"

इस प्रकार नंदा से ज्ञान का उपदेश पाते ही प्रभंजन शाप मुक्त होकर पुनः अपने वास्तविक स्वरूप में आ गया।

•••

70

द्रौपदी और पांडव

यह कथा द्रौपदी और पांडवों के जन्म से जुड़ी है जो शापवश मनुष्य योनि में जन्मे। केतकी ने द्रौपदी के, धर्मराज ने युधिष्ठिर के, वायुदेव ने भीम, इन्द्र ने अर्जुन तथा अश्विनी कुमारों ने नकुल एवं सहदेव के रूप में जन्म लिया। वह कथा इस प्रकार है—

केतकी दक्ष प्रजापति की पुत्री थी। अपनी सुंदरता व सदाचार के कारण वह तीनों लोकों में प्रसिद्ध और प्रशंसनीय थी। दक्ष ने उसका विवाह करना चाहा तो वह बोली—"मैं तीनों लोकों में किसी पुरुष को अपने योग्य नहीं पाती। अत: मैंने निर्णय किया है कि मैं भगवान् शिव की छत्रछाया में हिमालय पर रहूँ।" यह कहकर वह हिमालय पर समाधि में लीन रहने लगी।

एक बार पार्वती ने उसकी परीक्षा लेने का निश्चय किया। वे एक

गाय का रूप बनाकर समाधि में लीन केतकी के निकट पहुँची और जोर-जोर से रँभाने लगीं। इससे उसकी तपस्या में विघ्न उत्पन्न हो गया और उसने क्रोधित होकर गाय को बुरा-भला कहना शुरू कर दिया। तब पार्वती अपने वास्तविक रूप में आ गईं और केतकी को शाप देते हुए बोलीं—"तू पृथ्वी पर पाँच पतियों की पत्नी बनेगी क्योंकि तुझे तीनों लोकों में कोई पुरुष स्वयं के योग्य नहीं लगता।"

केतकी भयभीत होकर पार्वती के चरणों में गिर पड़ी और क्षमा माँगने लगी। उसकी करुण प्रार्थना सुनकर पार्वती बोलीं—"मेरा शाप अटल है किंतु वह शाप भी तुम्हारे लिए वरदान हो जाएगा। उस रूप में भी तुम्हारा यश तीनों लोकों में होगा। पाँच पतियों की पत्नी के बाद भी तेरा पतिव्रत धर्म अखण्ड रहेगा।" यह कहकर पार्वती वहाँ से चली गईं।

केतकी गंगा के तट पर बैठकर रोने लगी। उसके आँसू स्वर्ण कमल में परिवर्तित होकर गंगा जल में बहने लगे। इन स्वर्ण कमलों पर इन्द्र की दृष्टि पड़ी। उन्होंने वे स्वर्ण कमल इन्द्राणी को भेंट में दे दिए। तब इन्द्राणी बोली—"भगवन्! ये स्वर्ण कमल बड़े दुर्लभ हैं। ये तो इन्द्रलोक के सरोवर में खिलने चाहिएँ। आप पता लगवाएँ कि ये कहाँ उगते हैं।"

इन्द्र ने इस खोजबीन के लिए धर्मराज को भेजा। लेकिन बहुत समय बीतने पर भी जब वे नहीं लौटे तो उन्होंने वायुदेव को भेजा। वे भी वापस नहीं आए। तत्पश्चात् उन्होंने अश्विनी कुमारों को भेजा। वे भी लौटकर नहीं आए। तब इन्द्र स्वयं स्वर्ण कमलों का पता लगाने के लिए चल पड़े।

कुछ दूर चलने पर उन्होंने केतकी को गंगा के तट पर बैठे देखा। वे उसकी सुंदरता पर मोहित हो गए और उससे परिचय पूछा। केतकी बोली—"मैं दक्ष प्रजापति की पुत्री केतकी हूँ और यहाँ तपस्या करने के लिए आई हूँ।"

इन्द्र बोले—"सुंदरी! तपस्या करना ऋषि-मुनियों और वनवासियों का काम है। तुम्हारी यह सुन्दर देह तप की अग्नि में जलने के लिए नहीं है। इसके लिए तो स्वर्ग के भोग प्रतीक्षा कर रहे हैं। इसलिए तुम मुझसे विवाह करके स्वर्ग चलो।"

यह सुनकर केतकी क्रोधित होकर बोली—"देवेन्द्र! आपसे पहले

भी चार देवता मुझसे यह कहने का दंड भुगत रहे हैं। इसलिए यदि अपना भला चाहते हो तो यहाँ से लौट जाओ।"

इन्द्र समझ गए कि वे देवता धर्म, वायु और अश्विनी कुमार ही हैं। तब इन्द्र के कहने पर केतकी उन्हें एक गुफा में ले गई। वहाँ सभी देवता बँधे हुए पड़े थे। उनकी दुर्दशा देख इन्द्र क्रुद्ध होकर बोले—"दक्ष कन्या! तुम स्वयं को तपस्विनी कहती हो, किंतु तुम्हारा हृदय राक्षसों की भाँति कठोर है। इन्हें बंदी बनाने का परिणाम जानती हो तुम?"

केतकी बोली—"देवेन्द्र! इन्हें मेरे रक्षक ने बंदी बनाया है। आप उनके भी दर्शन कर लें।"

गुफा के अंदर एक जटाधारी तपस्या में लीन थे। केतकी ने उन्हें प्रणाम किया। लेकिन इन्द्र शक्ति के अहंकार में भरकर उन्हें बुरा-भला कहने लगे। तभी वे अपने वास्तविक रूप में प्रकट हो गए। वे कोई और नहीं, भगवान् शिव थे। उन्हें देख इन्द्र लज्जित हो गए और भय से काँपने लगे।

शिवजी क्रोधित होकर बोले—"इन्द्र! यह इन्द्रलोक की अप्सरा नहीं, बल्कि मेरी पुत्री के समान है। तुमने इसका अपमान किया है। इसका दंड भोगना होगा। तुम पाँचों पृथ्वी पर मनुष्य-रूप में जन्म लोगे।"

भगवान् शिव का रौद्र रूप देखकर इन्द्र भयभीत हो गए और अपने उनसे क्षमा माँगने लगे।

तब शिव बोले—"देवेन्द्र! तुम्हें अपने अपराध का दंड तो भुगतना ही होगा, अन्यथा न्याय की व्यवस्था नष्ट हो जाएगी। द्वापर में जब भगवान् विष्णु पृथ्वी पर कृष्णावतार लेंगे, तब तुम पाँचों देवों को पृथ्वी पर मनुष्य बनकर रहना होगा। उस समय यही केतकी तुम पाँचों की पत्नी बनेगी।"

इन्द्र बोले—"भगवन्! हम पृथ्वीलोक पर किस कार्य के लिए जन्म लेंगे?" शिवजी बोले—"तुम पाँचों पांडवों के रूप में जन्म लोगे। द्वापर में श्रीविष्णु पापियों का नाश करने और धर्म की स्थापना के लिए जन्म लेंगे। तुम उस कार्य में उनकी सहायता करोगे। जिसमें केतकी भी तुम्हारी सहभागिनी होगी।"

इस प्रकार पाँचों देवों और केतकी ने पृथ्वी पर जन्म लेकर श्रीकृष्ण के साथ धर्म की स्थापना में सहयोग किया। •••

71

ब्रह्मज्ञान

प्राचीन समय की बात है, महाराज शत्रुजित के राज्य में गालव ऋषि का आश्रम था। वे बड़े तपस्वी और तेजस्वी पुरुष थे। एक बार उन्होंने एक यज्ञ आरंभ किया। लेकिन पातालकेतु नामक एक दैत्य उसमें विघ्न डालने लगा। इससे गालव ऋषि बहुत दुखी हुए। उन्होंने सूर्यदेव से सहायता की प्रार्थना की।

सूर्यदेव ने उन्हें कुवलय नामक एक अश्व दिया और बोले—"मुनिवर! यह अश्व आकाश, पाताल आदि सभी स्थानों पर कुशलता से चल सकता है। इसे आप राजा शत्रुजित के पुत्र ऋतध्वज को दे दें। वह

इस पर बैठ कर पातालकेतु के साथ-साथ अन्य राक्षसों को भी समाप्त करेगा।"

सूर्यदेव से अश्व लेकर गालव ऋषि ने उसे शत्रुजित को दे दिया और अपना प्रयोजन बताया। शत्रुजित ने ऋतध्वज को आदेश दिया कि वह पातालकेतु का वध करके गालव ऋषि की सहायता करें। ऋतध्वज अश्व पर बैठकर पातालकेतु का वध करने चल पड़ा। कुवलय अश्व पर बैठने के कारण वह कुवलयाश्व के नाम से प्रसिद्ध हुआ।

गालव ऋषि के आश्रम में पहुँचकर उसने देखा कि पातालकेतु सूअर के रूप में निकट ही घूम रहा था। ऋतध्वज ने अपना घोड़ा उसके पीछे लगा दिया। पातालकेतु प्राण बचाने के लिए एक गुफा में घुस गया। ऋतध्वज भी उसके पीछे-पीछे गुफा में घुस गया। लेकिन वहाँ उसे पातालकेतु के स्थान पर एक सुंदर नगर दिखाई दिया। ऋतध्वज वहाँ पातालकेतु को ढूँढ़ने लगा। तभी एक महल में उसे एक सुंदर युवती दिखाई दी। उसे देखकर ऋतध्वज उस पर मोहित हो गया। उसने युवती से उसका परिचय पूछा।

तब निकट खड़ी एक दासी बोली—"वीरवर! यह विश्ववसु गंधर्व की पुत्री मदालसा हैं। दुष्ट पातालकेतु इनसे विवाह करना चाहता है। इसलिए उसने इनका हरण कर लिया। लेकिन ये चाहती हैं कि इनका विवाह परम पराक्रमी राजकुमार ऋतध्वज से हो।"

ऋतध्वज ने अपना परिचय देकर मदालसा से गंधर्व विवाह कर लिया। तभी वहाँ पातालकेतु आ गया और उसने ऋतध्वज पर आक्रमण कर दिया। दोनों में भयंकर युद्ध हुआ। अंत में ऋतध्वज ने पातालकेतु को मार गिराया और मदालसा के साथ अपने नगर लौट गया।

एक दिन शत्रुजित ने ऋतध्वज को आदेश दिया कि जहाँ-जहाँ राक्षस हैं उन्हें समाप्त कर ऋषि-मुनियों की रक्षा करे। अब ऋतध्वज ढूँढ़-ढूँढ़कर राक्षसों को मारने लगा। चारों ओर उसकी जय-जयकार होने लगी।

दैत्य पातालकेतु का तालकेतु नामक एक छोटा भाई था। वह बड़ा मायावी था। वह ऋतध्वज को समाप्त करने की योजना बना रहा था। एक दिन ब्राह्मण का रूप धारण कर उसने छलपूर्वक ऋतध्वज की मणि प्राप्त कर ली और सीधा राजमहल पहुँचकर शत्रुजित को मणि सौंपते हुए

बोला कि राजकुमार ऋतध्वज एक दैत्य के हाथों मारे गए। यह सुनकर सभी शोक में डूब गए। पति के वियोग में मदालसा ने अग्नि में कूद कर प्राण त्याग दिए।

इधर राक्षसों को मारकर जब ऋतध्वज राज्य में लौटे तो उन्हें देखकर सभी विस्मित रह गए। शत्रुजित ने उन्हें सारी घटना बताई। मदालसा के बारे में सुनकर वह बहुत दुखी हुआ। उसने मदालसा को पुनः प्राप्त करने के लिए घोर तप शुरू कर दिया। तब भगवान् शिव की कृपा से उसे मदालसा की पुनः प्राप्ति हुई।

शत्रुजित की मृत्यु के बाद ऋतध्वज राजा बना। मदालसा ने विक्रान्त, सुबाहु और अरिमर्दन नामक तीन पुत्रों को जन्म दिया। तीनों ने बाल्यावस्था में ही माता से ब्रह्मज्ञान प्राप्त कर लिया था। इसके फलस्वरूप युवा होने पर वे संन्यासी बन गए। कुछ समय बाद मदालसा ने चौथे पुत्र को जन्म दिया। उसका नाम अलर्क रखा गया।

मदालसा ने उसे भी ब्रह्मज्ञान देना चाहा, लेकिन ऋतध्वज उसे रोकते हुआ बोला—"कल्याणी! तुम्हारे दिए ज्ञान के कारण तीनों पुत्र संन्यासी बन गए हैं। ऐसे तो यह वंश ही नष्ट हो जाएगा। इसलिए इसे हमारे वंश को आगे बढ़ाने के लिए छोड़ दो।"

तब मदालसा ने उसे ब्रह्मज्ञान नहीं दिया। इस प्रकार अलर्क युवा हो गया। जब ऋतध्वज वृद्ध हुआ तो अलर्क का राज्याभिषेक करके मदालसा के साथ वन में चला गया। वन जाते समय मदालसा ने अलर्क को एक पत्र दिया और कहा कि जब बड़ी विपत्ति आ जाए तो इसे खोल कर देखना। समय बीतता रहा। अलर्क भोग-विलास में डूब गया।

एक दिन एक राजा ने उसके राज्य पर चढ़ाई कर दी। अलर्क ने वीरता से उसका सामना किया, लेकिन धीरे-धीरे उसकी शक्ति क्षीण होने लगी। उसका खज़ाना खाली हो गया। सैनिक मारे गए। तब विपत्ति के समय उसने माता का पत्र खोलकर पढ़ा। उस पत्र में ब्रह्मज्ञान था। उसे पढ़कर अलर्क भी अपने भाइयों की तरह ब्रह्मज्ञानी हो गया। उसने अपना राज्य शत्रु राजा को सौंपा और स्वयं वन जाकर तपस्वी जीवन व्यतीत करने लगा।

इस प्रकार मदालसा ने चारों पुत्रों को ब्रह्मज्ञानी बना दिया।

•••

72

जरत्कारु

महर्षि जरत्कारु मायावर नामक वंश के एक मात्र वंशज थे। उनके माता-पिता का देहांत हो चुका था। वे अकेले ही वन में तपस्या करते रहते थे।

एक बार की बात है, वे कहीं जा रहे थे तभी निकट के एक कुएँ से कुछ आवाज़ें आती सुनाई दीं। उन्होंने कुएँ में झाँका तो आश्चर्यचकित रह गए। कुएँ में उन्हें कुछ मनुष्य दिखाई दिए जो घास के एक तिनके के सहारे उल्टे लटके हुए थे। उस तिनके को एक मूषक कुतर रहा था। यह

देखकर जरत्कारु बोले—"मान्यवरों! आप लोग कौन हैं और इस प्रकार इस तिनके के सहारे उल्टे लटके होने का क्या कारण है?"

वे बोले—"हम मायावर ऋषि हैं। मृत्यु के बाद हम पितृलोक पहुँचे लेकिन वहाँ से हमें वापस आना पड़ा क्योंकि पृथ्वी पर हमारे वंश का केवल एक ही प्राणी 'जरत्कारु' बचा है। किंतु वह भी विवाह नहीं करना चाहता। उसके बाद हमारा श्राद्ध-तर्पण करने वाला कोई नहीं होगा। इसलिए हमें यह भयंकर कष्ट भोगना पड़ रहा है।"

पितृों की बात सुनकर जरत्कारु लज्जित होकर बोले—"पितृों! मैं ही आपका वंशज जरत्कारु हूँ। लेकिन मैं इस बात से अनभिज्ञ था कि मेरे विवाह न करने से आपको यूँ कष्ट भोगना पड़ेगा। अब मैं वंश वृद्धि के लिए विवाह करूँगा। लेकिन केवल उसी कन्या से जो मेरे जैसे नाम की और मेरे योग्य हो।"

तब पितृों ने प्रसन्न होकर उन्हें आशीर्वाद दिया।

अब महर्षि जरत्कारु विवाह के लिए योग्य कन्या ढूँढ़ने लगे। लेकिन उन्हें उन्हीं के समान नाम वाली कन्या नहीं मिली। वे अपने पितृों का उद्धार नहीं कर सकेंगे, यह सोचकर वे विलाप करने लगे।

उनका विलाप नागराज वासुकि ने सुना तो वे अपनी बहन 'जरत्कारु' को साथ लेकर उनके पास पहुँचे। अपने नाम के समान कन्या पाकर जरत्कारु प्रसन्न होकर बोले—"मैं एक शर्त पर इसके साथ विवाह कर सकता हूँ, वह यह कि मैं तुम्हारी बहन के साथ तभी तक रहूँगा जब तक वह मेरे आज्ञा के अनुसार मेरी सेवा करेगी। लेकिन जैसे ही वह मेरी आज्ञा का उल्लंघन करेगी, मैं उसे छोड़कर चला जाऊँगा।"

वासुकि ने उनकी शर्त सहर्ष स्वीकार कर ली और दोनों का विधिपूर्वक विवाह हो गया। जरत्कारु अपनी पत्नी के साथ सुखपूर्वक रहने लगे। समय गुजरता गया और उनकी पत्नी नागकन्या जरत्कारु गर्भवती हुई। वह पूर्ण निष्ठा से पति की सेवा करती थी और कभी भी गलत आचरण नहीं करती थी।

एक बार की बात है, नागकन्या पति का सिर गोद में रखकर उन्हें हवा कर रही थी। इससे महर्षि जरत्कारु को गहरी नींद आ गयी। इधर संध्या हो रही थी। नागकन्या को संध्यावंदन करना था। उसने सोचा यदि

संध्यावंदन नहीं करती हूँ तो पत्नी-धर्म भ्रष्ट होगा और यदि इन्हें जगाती हूँ तो पति क्रोधित होकर मुझे त्याग देंगे। अंत में उसने निर्णय किया कि मैं पत्नी-धर्म के लिए संध्यावंदन करूँगी। यह सोचकर उसने पति को जगा दिया।

तब जरत्कारु मुनि क्रुद्ध होकर बोले—"तुमने मुझे जगाकर मेरी आज्ञा का उल्लंघन किया है। मुझसे अर्घ्य लिये बिना सूर्यदेव कभी अस्त नहीं हुए, फिर आज वे कैसे अस्त हो सकते थे। तुमने मुझसे विपरीत आचरण किया है। इसलिए शर्त के अनुसार मैं तुम्हारा त्याग करता हूँ।"

यह कहकर महर्षि जरत्कारु वहाँ से चले गए और पुनः तपस्या में जुट गए।

कुछ समय बाद नागकन्या जरत्कारु ने एक बालक को जन्म दिया। उसका नाम आस्तीक रखा गया। आगे चलकर वह बालक महर्षि आस्तीक के नाम से प्रसिद्ध हुआ। उन्होंने ही परीक्षित के पुत्र जनमेजय का सर्प-यज्ञ बंद करवाकर नागों की रक्षा की थी।

इस प्रकार जरत्कारु ऋषि ने अपने वंश को आगे बढ़ाया और पितृों का उद्धार कर उन्हें मुक्ति दिलाई। (कुछ शास्त्रों के अनुसार महर्षि कश्यप की पुत्री मनसा महर्षि जरत्कारु की पत्नी थीं। भगवान् श्रीकृष्ण ने मनसा की जीर्ण काया देखकर ही उसे जरत्कारु नाम दिया था।)

•••

74
निमि

यह कथा राजा निमि की है। जो भगवती जगदम्बा के आशीर्वाद के कारण समस्त प्राणियों की पलकों में निवास करते हैं। वह कथा इस प्रकार है—

प्राचीन समय की बात है, भगवान् श्रीराम के इक्ष्वाकु वंश में निमि नाम के एक प्रतापी राजा हुए। वे इक्ष्वाकु के बारहवें पुत्र थे। वे बड़े गुणी, धर्मज्ञ और दानी थे। यज्ञ-हवन आदि में उनकी विशेष रुचि थी। एक बार उनके मन में एक विशाल यज्ञ करने की इच्छा उत्पन्न हुई।

उन्होंने अपने पिता इक्ष्वाकु की आज्ञा लेकर यज्ञ की सारी सामग्री तैयार करवा ली। अंगिरा, वामदेव, गौतम, पुलस्त्य, ऋचीक और पुलक आदि वेदों के ज्ञाता और यज्ञ कार्य कराने में कुशल तपस्वी मुनियों को आमंत्रित कर लिया।

जब यज्ञ की तैयारियाँ पूर्ण हो गईं, तब निमि ने अपने गुरु वसिष्ठ की पूजा की और नम्रता के साथ उनसे कहा—"गुरुवर! मैं एक ऐसा यज्ञ करना चाहता हूँ, जिससे मुझे भगवती माता की कृपा प्राप्त हो सके। आप उस यज्ञ के आचार्य बनने की कृपा करें। आप एक सर्वज्ञानी पुरुष और हमारे कुलगुरु हैं। अतः अपना यह कार्य मैं आपको सौंपता हूँ।"

राजा निमि की बात सुनकर वसिष्ठ बोले—"राजन! आपसे पहले मुझे देवराज इन्द्र ने यज्ञ कराने के लिए आमंत्रित कर रखा है। वे पराशक्ति नामक यज्ञ करवा रहे हैं। उन्होंने पाँच सौ वर्षों तक यज्ञ करने की दीक्षा ली है। अतः राजन! आप प्रतीक्षा करें। इन्द्र का यज्ञ समाप्त हो जाने के बाद ही मैं आपका यज्ञ पूर्ण करवा सकता हूँ।"

निमि ने अनेक प्रकार से वसिष्ठजी को रोकने का प्रयास किया, किंतु वे इन्द्र के यज्ञ में चले गए। निमि अनेक ऋषि-मुनियों को आमंत्रित कर चुके थे। यज्ञ की संपूर्ण व्यवस्था हो चुकी थी। अतः उन्होंने गौतम ऋषि को यज्ञ का आचार्य बनाया और यज्ञ की दीक्षा ले ली। बहुत-सा धन और गायें ऋषि-मुनियों को दान में दी गईं। इधर जब इन्द्र का यज्ञ समाप्त हुआ तो निमि से मिलने महर्षि वसिष्ठ उनके महल पर पहुँचे। निमि उस समय सोए हुए थे, इसलिए महर्षि के बार-बार कहने पर भी सेवकों ने उन्हें नहीं जगाया।

वसिष्ठ ने इसे अपना अपमान समझा और निमि को शाप देते हुए बोले—"राजन! तुमने मुझ जैसे गुरु को छोड़कर दूसरे को अपना गुरु बना लिया। मेरा अपमान करके यज्ञ में दीक्षित हो गए। मेरे मना करने पर भी तुम रुके नहीं, अतः तुम विदेह (देह रहित) हो जाओ। तुम्हारा शरीर नष्ट हो जाए।"

महर्षि का यह शाप सुनकर सेवकों ने शीघ्र ही राजा को जगाया और महर्षि वसिष्ठ के शाप की बात बताई। निमि दौड़े-दौड़े मुनि वसिष्ठ के पास पहुँचे और बोले—"गुरुवर! मेरे कई बार प्रार्थना करने पर भी

आपने उसे ठुकरा दिया और लोभ में आकर इन्द्र के यज्ञ में चले गए। ऐसा निंदित कर्म करने पर आपके मन में ज़रा भी संकोच नहीं हुआ? मुनिवर! वेदों और शास्त्रों का आपको पूर्ण ज्ञान है। फिर भी आपने क्रोध में आकर व्यर्थ ही मुझे शाप दे दिया। इसलिए मैं भी आपको शाप देता हूँ कि आपका भी यह शरीर नष्ट हो जाए।" इस प्रकार वसिष्ठ और निमि—दोनों परस्पर शापग्रस्त हो गए।

जिस समय वसिष्ठ मुनि ने निमि को शाप दिया, वे यज्ञ में दीक्षित थे। उन्होंने जितने ऋषि-मुनियों को आमंत्रित किया था, वे परस्पर विचार-विमर्श करने लगे कि धर्मात्मा निमि यज्ञ में दीक्षित हैं। अभी यज्ञ भी पूर्ण नहीं हुआ है और वे शाप में जल रहे हैं। ऐसी प्रतिकूल स्थिति में यज्ञ पूर्ण होने तक उनकी रक्षा करनी चाहिए। यह विचार कर उन्होंने मंत्रों की शक्ति से निमि के शरीर को सुरक्षित रखा। मंत्रों की शक्ति के कारण उनकी श्वास की गति समाप्त नहीं हुई। उनकी आत्मा शरीर में ही सुरक्षित रही। मुनियों ने पुष्प मालाओं और चंदन से उस आत्मा को सुपूजित कर रखा था।

यज्ञ समाप्त होने पर इन्द्र आदि समस्त देवगण वहाँ पधारे। ऋषि-मुनियों ने उनकी स्तुति की। इससे देवता प्रसन्न हो गए। तब ऋषियों ने निमि की दयनीय दशा बताई। देवताओं ने निमि से कहा—"राजन! हम तुम्हारे इस यज्ञ से प्रसन्न हैं, तुम कोई भी वरदान माँग लो। यज्ञ के प्रभाव से तुम्हें सर्वोत्तम जन्म मिल सकता है। देव या मानव शरीर—तुम्हें जो भी पसंद हो, माँग सकते हो।"

निमि प्रार्थनापूर्वक बोले—"देवगण! मेरी इच्छा है कि सम्पूर्ण प्राणी जिनके द्वारा देखते हैं, मुझे उसी वस्तु में रहने का सुअवसर प्राप्त हो। मैं समस्त प्राणियों के नेत्रों में वायु बनकर विचरण करूँ।"

निमि की इच्छा जानकर देवेन्द्र बोले—"हे राजन! इसके लिए तुम भगवती दुर्गा की प्रार्थना करो। तुम्हारे यज्ञ से वे परम प्रसन्न हैं। उन्हीं की कृपा से तुम्हारा यह मनोरथ सिद्ध हो सकता है।"

तब राजा निमि ने अनेक स्तोत्रों द्वारा भगवती दुर्गा की आराधना की। इससे प्रसन्न होकर दुर्गा ने उन्हें साक्षात् दर्शन दिए। देवी के दर्शन पाकर सभी आनंद-मग्न हो गए। देवी को प्रसन्न देखकर निमि बोले—

"माते! मुझे ऐसा निर्मल ज्ञान देने की कृपा करें, जिससे कि मैं सशरीर मुक्त हो सकूँ। साथ ही मेरी यह अभिलाषा है कि मुझे सभी प्राणियों के नेत्रों में निवास करने का सुअवसर प्राप्त हो।"

दुर्गा माता ने प्रसन्नतापूर्वक कहा—"वत्स! तुम्हें निर्मल ज्ञान अवश्य प्राप्त होगा। साथ ही तुम जगत् के समस्त प्राणियों के नेत्रों में रहोगे। तुम्हारे प्रभाव से ही प्राणियों की आँखों में पलक गिराने की शक्ति रहेगी। इस प्रकार मनुष्य, पशु और पक्षी—ये पलक गिराने वाले (निमिष) प्राणी कहलाएँगे।"

दुर्गा माता के अदृश्य हो जाने के बाद वहाँ उपस्थित मुनियों ने परस्पर परामर्श करके निमि के नष्ट होते स्थूल शरीर को सामने रखा और उस पर एक मथनी को फिराते हुए मंत्रोच्चारण करने लगे। इस मंथन से निमि के शरीर से एक बालक उत्पन्न हुआ। वह बालक रूप और गुणों में निमि के समान ही अद्वितीय था। मंथन से प्रकट होने के कारण उसे मिथि कहा गया, जबकि पिता के शरीर से निकलने के कारण वह जगत् में जनक नाम से विख्यात हुआ। इस प्रकार निमि से राजा जनक की उत्पत्ति हुई। निमि के विदेह होने के कारण उनके कुल में जितने नरेश हुए, वे सभी 'विदेह' कहलाने लगे। इन्हीं राजा जनक ने गंगा नदी के तट पर मिथिला नाम का एक सुंदर नगर बसाया। जिनके यहाँ आगे चलकर सीता माता ने अवतार लिया।

•••

75

मुक्ति

प्राचीन समय की बात है, सौबीर नामक नगर में एक दुराचारी बहेलिया घूमता हुआ आ पहुँचा। नगर में भगवान विष्णु का एक सुन्दर मंदिर था। उस मंदिर के कलश स्वर्ग जटित थे। उन्हें देखकर बहेलिए के मन में पाप आ गया और उन्हें चुराने के उद्देश्य से वह मंदिर की ओर बढ़ा।

तभी उसकी दृष्टि उत्तंक ऋषि पर पड़ी जो भगवान् विष्णु के ध्यान में मग्न थे। उन्हें देख वह ठिठक गया। उसने सोचा ये महात्मा मेरे कार्य में अवश्य विघ्न डालेंगे। इसलिए पहले इन्हें ही समाप्त कर दिया जाए। यह सोचकर वह चुपचाप ऋषि के पास पहुँचा और उन्हें मारने के लिए तलवार उठायी।

तभी उन्होंने आँखें खोलीं और बोले—"हे व्याधराज! मैंने तुम्हें कोई कष्ट नहीं पहुँचाया। फिर तुम मुझे क्यों मारना चाहते हो? यदि तुम मुझे मारना ही चाहते हो तो उससे पहले मेरी कुछ बातें सुनने का कष्ट

करो।" बहेलिया वहीं बैठकर उनकी बातें सुनने लगा।

उत्तंक बोले—"व्याधराज! प्राणियों की इच्छाएँ कभी समाप्त नहीं होतीं। सांसारिक माया में पड़कर जो व्यक्ति दूसरों को सताता है और उनकी वस्तुएँ चुराकर अपना पोषण करता है, अंतकाल में सभी उसका साथ छोड़ देते हैं। पापी मनुष्य पापकर्मों में लिप्त रहकर अपने परिवार का पेट भरते; उन्हें सुख देते हैं। इससे उनका परिवार तो संतुष्ट हो जाते हैं लेकिन उन कर्मों का दण्ड पापी मनुष्यों को स्वयं भोगना पड़ता है। इसके विपरीत जो मनुष्य धर्मानुसार कार्य करते हैं, सभी उनका साथ देते हैं। यश, कीर्ति, धन, आयु, संतान एवं सभी प्रकार के सुख उन्हें प्राप्त होते हैं। मृत्यु के बाद उन्हें स्वर्ग प्राप्त होता है। इसलिए व्याधराज! तुम्हें भी सद्कर्म करके अपना जीवन धन्य करना चाहिए।"

उत्तंक मुनि की बात सुनकर बहेलिया रुदन करता हुआ उनके चरणों में गिर गया और करुण स्वर में बोला—"प्रभु! मैं पापी जीवन भर दुष्कर्मों में लगा रहा। सांसारिक बंधनों को वास्तविक सुख समझता रहा। लेकिन आज आपने मेरी आँखें खोल दीं। मुनिवर! मैंने बहुत पाप किए हैं। पूर्व जन्म के पापों के कारण इस जन्म में भी मैं पापी और कुकर्मी ही रहा। इस जन्म के कुकर्मों के कारण अब मुझे न जाने किस योनि जन्म लेना पड़े। प्रभु! आप तो परम दयालु हैं, कृपया मेरा मार्ग दर्शन कीजिए. . .।" यह कहते-कहते बहेलिया वहीं निष्प्राण होकर गिर पड़ा।

उसकी मृत्यु पर उत्तंक मुनि को बड़ा दुख हुआ। उन्होंने भगवान विष्णु के चरणों में अर्पित जल को मंत्र पढ़कर बहेलिये पर छिड़का। देखते-ही-देखते वह उठ खड़ा हुआ। चरणामृत के प्रभाव से वह सभी पापों से भी मुक्ति पा गया। तभी उसे वैकुण्ठ ले जाने के लिए भगवान् विष्णु का दिव्य विमान प्रकट हुआ। यह देख बहेलिया बोला—"प्रभु! आपने मेरा उद्धार कर मुझे पापों से मुक्त कर परमधाम जाने का अवसर दिया। मैं आपका यह उपकार कदापि नहीं भूल सकता।"

उत्तंक ऋषि बोले—"व्याधराज! सब भगवन् विष्णु की महिमा है। वे अपने भक्तों पर सदा कृपा करते हैं। तुमने भगवान के सामने अपने पापों का प्रायश्चित किया, उसी का फल अब तुम्हें मिल रहा है।"

बहेलिया उत्तंक ऋषि को प्रणाम कर वैकुण्ठ लोक चला गया।

76

धुंधुकारी प्रेत

किसी गाँव में आत्मदेव नामक एक ब्राह्मण रहता था। वह बहुत विद्वान था। पूजा पाठ करना उसका रोज का नियम था। उसका विवाह धुंधुली नामक एक सुंदर युवती से हुआ। धुंधुली झगड़ालू युवती थी। उसके व्यवहार से आत्मदेव दुखी रहता था। उसे संतान न होने का भी दुख था। उसने अनेक उपाय किए, लेकिन संतान न हुई।

एक दिन वह एक सरोवर के निकट बैठकर स्वयं को कोस रहा था। तभी वहाँ से एक महात्मा निकले। उन्होंने उसके दुःख का कारण पूछा। तब आत्मदेव बोला—"भगवन्! मैं संतान के लिए परेशान हूँ। अनेक उपाय कर लिए हैं। लेकिन फिर भी भगवान् मुझ पर प्रसन्न नहीं होते। संतान के बिना मनुष्य जीवन व्यर्थ है। इसलिए मैं अत्यंत दुखी हूँ।"

महात्मा बोले—"वत्स! तुम्हारे भाग्य में संतान नहीं है। इसलिए

व्यर्थ की इच्छाओं का त्याग कर प्रभु-भक्ति में मन लगाओ।"

आत्मदेव उनके पैर पकड़कर गिड़गिड़ाने लगा। तब महात्मा उसे एक फल देते हुए बोले—"वत्स! यह फल अपनी पत्नी को खिला देना। हाँ, यह याद रखना कि तुम्हें संतान तो मिल जाएगी परंतु उसका सुख नहीं मिलेगा।" यह कहकर वे वहाँ से चले गए।

आत्मदेव ने धुंधुली को वह फल दे दिया। लेकिन अपनी बहन की बातों में आकर उसने वह फल स्वयं नहीं खाया बल्कि अपनी गाय को खिला दिया। कुछ समय बाद गाय ने एक पुत्र को जन्म दिया। यह चमत्कार देखकर आत्मदेव विस्मित रह गया। उसका सारा शरीर मनुष्य का था, परंतु कान गाय के कानों के समान थे। इसलिए आत्मदेव ने उसका नाम गोकर्ण रख दिया।

इधर, धुंधुली की बहन ने भी पुत्र को जन्म दिया और उसे चुपचाप धुंधुली को दे दिया। पुत्र को देखकर आत्मदेव को बड़ी प्रसन्नता हुई। उसने उसका नाम धुंधुकारी रखा। युवा होने पर आत्मदेव ने दोनों बालकों को शिक्षा-दीक्षा के लिए गुरुकुल भेजा। शिक्षा प्राप्त करके गोकर्ण परम विद्वान बन गया। लेकिन धुंधुकारी का मन शिक्षा में नहीं लगता था। धीरे-धीरे कुसंगति में पड़कर वह दुराचारी और पापी होता चला गया। चोरी, लूटमार, दुष्कर्म आदि ही उसके धर्म-कर्म बन गए थे।

धुंधुकारी का पतन देख आत्मदेव दुखी रहने लगा। तब गोकर्ण ने उसे ज्ञान प्रदान कर संन्यासी होने का परामर्श दिया। आत्मदेव वन में चला गया और भगवान् का ध्यान करते हुए उनके परमधाम चला गया।

पिता की मृत्यु के बाद धुंधुकारी का दुराचार बढ़ गया। धन के लिए उसने अपनी माता को सताना शुरू कर दिया। इससे दुखी होकर धुंधुली भी चल बसी। गोकर्ण भी तीर्थ भ्रमण के लिए चला गया। अब धुंधुकारी को रोकने वाला कोई नहीं था।

एक दिन धुंधुकारी ने कुछ व्यापारियों का धन लूटा। लेकिन धन के लालच में आकर उसके साथियों ने उसका वध कर दिया। मृत्यु के बाद धुंधुकारी प्रेत बन गया और अपने पापों का फल भुगतने लगा। तब गोकर्ण ने भागवत पाठ कर उसका उद्धार किया।

भगवद्-कथा के प्रभाव से धुंधुकारी वैकुण्ठ लोक चला गया।

77

अन्न दान महादान

भगवान् श्रीकृष्ण द्वारा मोक्ष प्राप्त कर जब दानवीर कर्ण स्वर्ग में पहुँचे तो वहाँ उनका भव्य स्वागत हुआ। रहने के लिए उन्हें स्वर्ण से बना एक विशाल महल दिया गया। उनकी सेवा में असंख्य अप्सराएँ उपस्थित थीं। लेकिन जब उन्हें खाने के लिए सोने की रोटियाँ और पीने के लिए पिघला सोना दिया गया तो वे विस्मित हो उठे। उन्होंने देवराज इन्द्र से इसका कारण पूछा।

इन्द्र बोले—"कर्ण! स्वर्ग का नियम है कि प्राणी यहाँ केवल उन्हीं वस्तुओं का उपयोग कर सकता है जिनका उसने भूलोक में दान दिया हो। आपने जीवन भर स्वर्ण दान किया, याचकों के घर स्वर्ण से भर

दिए, इसलिए आपके लिए यहाँ स्वर्ण का अम्बार तो लग सकता है लेकिन खाने के लिए भोजन या पानी नहीं मिल सकता। आपने भूलोक में न तो सरोवर या कुएँ बनवाए और न ही अन्न दान किया, जिससे कोई प्राणी अपनी भूख-प्यास मिटा सके। अब आप ही बताएँ, वह सब किस प्रकार उपलब्ध करवाया जाए?"

कर्ण सोचने लगे—"मैंने जीवन भर दान में केवल स्वर्ण दिया; पानी अथवा अन्न दान के लिए सोचा तक नहीं। अब मुझे अन्न दान का महत्त्व समझ में आ रहा है। भूखों को भोजन और प्यासे को पानी पिलाना ही सबसे बड़ा पुण्य है।"

यह सोचकर वे इन्द्र से बोले—"देवराज! आप मुझे केवल सोलह दिन के लिए पृथ्वी पर वापस जाने की आज्ञा दें। मैं अपनी भूल सुधारना चाहता हूँ।" देवेन्द्र बोले—"ठीक है, मैं आपको सोलह दिन का समय देता हूँ।"

भाद्रपद की पूर्णिमा आते ही उन्हें सोलह दिनों का समय देकर भूलोक पर पहुँचा दिया गया।

यहाँ कर्ण ने अन्न दान देना शुरू किया। उन्होंने जल के लिए कुओं, बावड़ियों, सरोवरों का निर्माण करवाया। लोगों को अन्न दान की महिमा बताई। तब अन्य लोगों ने भी अन्न दान शुरू कर दिया।

निश्चित समय बिताकर कर्ण पुनः स्वर्ग लोक पहुँचे। वहाँ फिर उनका भव्य स्वागत हुआ। इस बार उन्हें खाने-पीने के लिए अन्न और जल दिया गया।

तभी से भाद्रपद की पूर्णिमा से आश्विन की अमावस्या तक अर्थात् सोलह दिन तक अन्न दान आदि किया जाने लगा, जिससे कि स्वर्ग में उचित कर्मों का उचित फल मिले।

•••

78

यमलार्जुन

बाल्यावस्था में भगवान् श्रीकृष्ण बड़े नटखट थे। माता यशोदा उनकी शरारतों से बहुत तंग आ गई थीं। लेकिन उनका नटखटपन सभी को भाता भी था।

एक बार यशोदा माता ने मक्खन निकाला और उसे रखकर किसी कार्य से रसोई के अंदर गईं। इधर कृष्ण ने चुपचाप मक्खन उठाया और थोड़ा बहुत स्वयं खाकर बाकी वानरों को खिलाने लगे। यशोदा वापस

आईं तो देखा मक्खन गायब है। वे समझ गईं कि यह शरारत कृष्ण की ही है। तभी वानरों को मक्खन खिलाते कृष्ण दिखाई दिए। यह देख उन्होंने कृष्ण को बहुत डाँटा और फिर उन्हें बाँधने के लिए रस्सी उठाई। परंतु वे जिस रस्सी को लेतीं वही छोटी पड़ जाती। जब कृष्ण ने देखा कि माँ अपने कार्य में सफल नहीं हो पा रही हैं तो उन्होंने अपनी माया से छोटी रस्सी को बड़ा कर दिया। तब यशोदा ने उन्हें ऊखल से बाँध दिया और स्वयं घर के कामों में लग गईं।

बँधने के बाद कृष्ण भारी ऊखल को खींचते हुए बाहर ले गए। बाहर आस-पास दो पेड़ लगे थे। उन्हें यमलार्जुन के नाम से जाना जाता था। कृष्ण घूमते-घूमते उन दोनों पेड़ों के बीच में से निकले। वे स्वयं तो निकल गए लेकिन ऊखल बीच में फँस गया। उन्होंने जोर से ऊखल को खींचा तो वे पेड़ भयंकर आवाज़ करते हुए धराशायी हो गए।

पेड़ों के गिरते ही उनमें से दो देव निकले। वे धन के देवता कुबेर के पुत्र थे। उनका नाम मणिग्रीव और नीलकूबर था। एक बार उद्दण्डता के कारण नारदजी ने उन्हें वृक्ष बन जाने का शाप दे दिया था। जब कुबेर-पुत्रों को अपने अपराध का आभास हुआ तो वे उनसे क्षमा याचना करने लगे। तब नारदजी ने कहा था कि द्वापर में भगवान् श्रीकृष्ण उनका उद्धार करेंगे।

इस प्रकार शाप के कारण वे दोनों वृक्ष बन गए थे। किंतु उन्हें अपना पिछला जीवन याद था। इसलिए वे दोनों निरंतर भगवान् श्रीकृष्ण का स्मरण करते रहते थे।

भगवान् श्रीकृष्ण को नारदजी द्वारा कुबेर-पुत्रों को दिए गए शाप के विषय पता था। इसलिए उन्होंने दोनों कुबेर-पुत्रों का उद्धार कर उन्हें वापस उनके लोक वापस भेज दिया।

इस प्रकार लीलाधारी भगवान् श्रीकृष्ण ने अपने भक्तों का उद्धार किया।

•••

79

भक्त ध्रुव

राजा उत्तानपाद ब्रह्माजी के मानस पुत्र स्वयंभू मनु के पुत्र थे। उनकी सुनीति एवं सुरुचि नामक दो पत्नियाँ थीं। उन्हें सुनीति से ध्रुव एवं सुरुचि से उत्तम नामक पुत्र प्राप्त हुए। वे दोनों राजकुमारों से समान प्रेम करते थे। यद्यपि सुनीति ध्रुव के साथ-साथ उत्तम को भी अपना पुत्र मानती थीं, तथापि रानी सुरुचि ध्रुव और सुनीति से ईर्ष्या और घृणा करती थी। वह सदा उन्हें नीचा दिखाने के अवसर ढूँढ़ती रहती थी।

एक बार उत्तानपाद उत्तम को गोद में लिए प्यार कर रहे थे। तभी ध्रुव भी वहाँ आ गया। उत्तम को पिता की गोद में बैठा देखकर वह भी उनकी गोद में जा बैठा। यह बात सुरुचि को नहीं जँची। उसने ध्रुव को पिता की गोद से नीचे खींचकर कटु वचन सुनाए।

ध्रुव रोते हुए माता सुनीति के पास गया और सबकुछ बता दिया। तब वह उसे समझाते हुए बोली—"वत्स! भले ही कोई तुम्हारा अपमान करें, किंतु तुम अपने मन में दूसरों के लिए अमंगल की इच्छा कभी मत करना। जो मनुष्य दूसरों को दुःख देता है, उसे स्वयं ही उसका फल भोगना पड़ता है। पुत्र! यदि तुम पिता की गोद में बैठना चाहते हो तो भगवान् विष्णु की आराधना कर उन्हें प्रसन्न करो। उनकी कृपा से ही तुम्हारे पितामह स्वयंभू मनु को दुर्लभ लौकिक और अलौकिक सुख भोगने के बाद मोक्ष की प्राप्ति हुई थी। इसलिए पुत्र! तुम भी उनकी आराधना में लग जाओ। केवल वे ही तुम्हारे दुःखों को दूर कर सकते हैं।"

सुनीति की बात सुनकर ध्रुव के मन में श्रीविष्णु के प्रति भक्ति और श्रद्धा के भाव उत्पन्न हो गए। वह घर त्यागकर वन की ओर चल पड़ा। भगवान् विष्णु की कृपा से वन में उसे देवर्षि नारद दिखाई दिए। उन्होंने ध्रुव को श्रीविष्णु की पूजा-आराधना की विधि बताई। ध्रुव ने यमुना के जल में स्नान किया और निराहार रहकर एकाग्र मन से श्रीविष्णु की आराधना करने लगा। पाँच महीने बीतने के बाद वह पैर के एक अँगूठे पर स्थिर खड़ा होकर तपस्या करने लगा। धीरे-धीरे उसका तेज बढ़ता गया। उसके तप से तीनों लोक कंपायमान हो उठे। जब उसके अँगूठे के भार से पृथ्वी दबने लगी, तब भगवान् विष्णु भक्त ध्रुव के समक्ष प्रकट हुए और उसकी इच्छा पूछी।

ध्रुव भाव-विभोर होकर बोला—"भगवन्! जब मेरी माता सुरुचि ने अपमानजनक शब्द कहकर मुझे पिता की गोद से उतार दिया था, तब माता सुनीति के कहने पर मैंने मन-ही-मन यह निश्चय किया था कि जो परब्रह्म भगवान् श्रीविष्णु इस सम्पूर्ण जगत् के पिता हैं, जिनके लिए सभी जीव एक समान हैं, अब मैं केवल उनकी गोद में बैठूँगा। इसलिए यदि आप प्रसन्न होकर मुझे वर देना चाहते हैं तो मुझे अपनी गोद में स्थान

प्रदान करें, जिससे कि मुझे उस स्थान से कोई भी उतार न सके। मेरी केवल इतनी-सी अभिलाषा है।"

श्रीविष्णु बोले—"वत्स! तुमने केवल मेरा स्नेह प्राप्त करने के लिए इतना कठोर तप किया है। इसलिए तुम्हारी निःस्वार्थ भक्ति से प्रसन्न होकर मैं तुम्हें ऐसा स्थान प्रदान करूँगा, जिसे आज तक कोई प्राप्त नहीं कर सका। यह ब्रह्मांड मेरा अंश और आकाश मेरी गोद है। मैं तुम्हें अपनी गोद में स्थान प्रदान करता हूँ। आज से तुम ध्रुव नामक तारे के रूप में स्थापित होकर ब्रह्मांड को प्रकाशमान करोगे। तुम्हारा पद सप्तर्षियों से भी बड़ा होगा और वे सदा तुम्हारी परिक्रमा करेंगे। जब तक यह ब्रह्मांड रहेगा, कोई भी तुम्हें इस स्थान से नहीं हटा सकेगा। वत्स! अब तुम घर लौट जाओ। कुछ समय के बाद तुम्हारे पिता तुम्हें राज्य सौंपकर वन में चले जाएँगे। पृथ्वी पर छत्तीस हज़ार वर्षों तक धर्मपूर्वक राज्य भोगकर अंत में तुम मेरा परम पद प्राप्त करोगे।" इतना कहकर भगवान् विष्णु अंतर्धान हो गए।

इस प्रकार अपनी भक्ति से भगवान् विष्णु को प्रसन्न कर बालक ध्रुव संसार में अमर हो गया।

•••

80

नीलमाधव

प्राचीनकाल की बात है, उत्कल (उड़ीसा) के शवरपल्ली नामक नगर में भगवान् विष्णु का परमभक्त विश्ववसु रहता था। वह प्रतिदिन उनकी पूजा-अर्चना कर उन्हें भोग लगाता था। स्वयं भगवान् नीलमाधव मूर्ति से प्रकट होकर भोग ग्रहण करते थे। नीलमाधव की वह मूर्ति ऐसी गुफा में थी जिसके बारे में विश्ववसु के अतिरिक्त और कोई नहीं जानता था।

उस समय इन्द्रद्युम्न वहाँ के राजा थे। वे भी श्रीविष्णु के परम भक्त थे और उनके दर्शन के प्यासे थे। एक बार एक ब्राह्मण से उन्हें नीलमाधव की मूर्ति के बारे में पता चला। उन्होंने उस मूर्ति की खोज के लिए चारों दिशाओं में सैनिक भेज दिए। विद्यापति नामक एक पुरोहित को भी भेजा।

घूमते-विचरते विद्यापति शवरपल्ली नगर में पहुँचा और विश्ववसु के घर में रुका। वहाँ विश्ववसु की पुत्री ललिता से उसे प्रेम हो गया। विश्ववसु प्रात: जाकर संध्या को घर लौटता था। उसके शरीर से सदा चंदन की महक आती थी। इससे विद्यापति को उस पर संदेह हो गया और उसने बातों-ही-बातों में ललिता से सारा भेद जान लिया। तदंतर ललिता के माध्यम से उसने विश्ववसु से नीलामाधव के दर्शन करवाने की प्रार्थना की।

विश्ववसु इस शर्त पर तैयार हुआ कि वह उसे आँखों पर कपड़ा बाँधकर साथ ले जाएगा। विद्यापति ने विश्ववसु की शर्त मान ली। फिर आँखों पर वस्त्र बाँधकर वह विश्ववसु के साथ चल पड़ा। किंतु विद्यापति अधिक चतुर था। उसने अपने साथ अनाज के दाने ले लिए और मार्ग में उन्हें बिखेरता चला। इस प्रकार उसने गुफा का पता लगाकर राजा को बता दिया।

इन्द्रद्युम्न अपने मंत्रियों के साथ नीलमाधव के दर्शन करने के लिए चल पड़े।

लेकिन गुफा में उन्हें कोई मूर्ति नहीं मिली। उन्होंने सोचा कि विश्ववसु ने जानबूझकर यह सब किया है। अत: उन्होंने उसे बंदी बना लिया। किंतु फिर भी वे मूर्ति का पता न लगा सके।

नीलमाधव के दर्शन न पाकर राजा इन्द्रद्युम्न बहुत दुखी हुए। तब उन्हें स्वप्न में भगवान् नीलमाधव का आदेश मिला—"मेरी मूर्ति गायब होने में विश्ववसु का कोई हाथ नहीं है, इसलिए उसे छोड़ दो। मैं स्वयं वहाँ से चला गया हूँ। यदि तुम मेरे दर्शन करना चाहते हो तो नीलगिरि में मंदिर बनवाकर मेरी मूर्ति की स्थापना करो। वह मूर्ति दारु वृक्ष की होनी चाहिए। तुम्हें वह वृक्ष सागर के किनारे मिलेगा।"

इन्द्रद्युम्न ने विश्ववसु को मुक्त कर दिया और शीघ्र ही मंदिर-निर्माण का कार्य शुरू कर दिया। जब मंदिर बन गया तो दारु वृक्ष को खोजते हुए इन्द्रद्युम्न समुद्र-तट पर पहुँचे। वहाँ उन्हें विशाल दारु वृक्ष मिला। इन्द्रद्युम्न ने सैनिकों को उसे ले चलने के लिए आदेश दिया। लेकिन सैनिक उसे हिला तक न सके। तभी एक आकाशवाणी सुनाई दी कि विश्ववसु एवं विद्यापति की सहायता से उस वृक्ष को स्वर्ण सुसज्जित रथ पर रखकर मंदिर ले चलो। इन्द्रद्युम्न ने उन दोनों को बुलवाकर उनकी सहायता से उस वृक्ष को मंदिर तक पहुँचाया। वृक्ष पर गदा, शंख, चक्र और पद्म के चिह्न बने हुए थे।

जब शिल्पी उस वृक्ष पर भगवान् नीलमाधव की प्रतिमा उकेरने बैठे तो कोई भी यह काम नहीं कर सका। इन्द्रद्युम्न की चिंता बढ़ गई। तभी वहाँ एक वृद्ध आया और बोला—"राजन! मैं यह मूर्ति बना सकता हूँ। किंतु मेरी एक शर्त है। मैं श्रीमूर्ति का निर्माण मंदिर के अंदर करूँगा। यह कार्य इक्कीस दिनों तक चलेगा। इसलिए जब तक मैं मूर्ति नहीं बना लू, मंदिर के द्वार बंद रहने चाहिएँ और कोई भी अंदर न आए।"

इन्द्रद्युम्न ने उसकी शर्त मान ली। वह वृद्ध द्वार बंद करके मूर्ति बनाने लगा। पन्द्रह दिनों तक मंदिर से आवाज़ें आती रहीं लेकिन फिर बंद हो गईं। तब किसी अनिष्ट की आशंका से राजा ने मंदिर में प्रवेश किया। लेकिन अंदर कोई नहीं था। निकट ही दारु वृक्ष से बनी तीन अधूरी मूर्तियाँ पड़ी थीं। उनके हाथ व पैर की उँगलियाँ अभी नहीं बनी थीं। कार्य अधूरा रह गया था। यह देखकर इन्द्रद्युम्न पुनः चिंता में डूब गए।

एक रात इन्द्रद्युम्न के स्वप्न में नीलमाधव प्रकट होकर बोले—"राजन! वह वृद्ध में ही था जो मूर्तियाँ गढ़ रहा था। लेकिन इक्कीस दिन पूरे होने से पहले ही तुमने अपना वचन तोड़कर मंदिर में प्रवेश किया। इसलिए अब मैं उसी रूप में वहाँ विराजमान होकर भक्तों की पूजा और भोग स्वीकार करूँगा।"

इन्द्रद्युम्न बोले—"भगवन्! आप मेरी एक अभिलाषा और पूरी करने की कृपा करें। विश्ववसु आपका परम भक्त है। उसका वंश कभी समाप्त न हो और इसी प्रकार आपकी सेवा करता रहे। इसी प्रकार विद्यापति की संतान भी सर्वदा आपकी सेवा करे।"

भगवान् नीलमाधव ने इन्द्रद्युम्न की वह इच्छा पूरी कर दी और उसे स्वयं के लिए भी कुछ माँगने के लिए कहा।

इन्द्रद्युम्न बोले—"प्रभु! मैं नहीं चाहता कि आपकी मुझ पर जो इतनी कृपा हुई है, उससे मुझमें अहंकार पैदा हो। इसलिए आप मुझे आशीर्वाद दें कि मेरा वंश यहीं समाप्त हो जाए।"

भगवान् नीलमाधव बोले—"ऐसा ही होगा। तुम्हारा वंश यहीं समाप्त होने पर भी संसार में अमर रहेगा।" यह कहकर वे अंतर्धान हो गए। राजा इन्द्रद्युम्न ने उन्हीं अपूर्ण मूर्तियों को मंदिर में स्थापित किया।

तभी से उड़ीसा के जगन्नाथ मंदिर में नीलमाधव विराजमान हैं।

81
चुनाव

महाभारत का युद्ध निश्चित हो चुका था। पांडव और कौरव—दोनों पक्ष भगवान् श्रीकृष्ण को अपनी ओर करना चाहते थे। इसलिए कौरवों की ओर से दुर्योधन और पांडवों की ओर से अर्जुन श्रीकृष्ण को आमंत्रित करने के लिए एक साथ उनके पास पहुँचे।

उन्हें एक साथ आया देखकर श्रीकृष्ण बोले—"पार्थ! तुम दोनों मुझे युद्ध के लिए आमंत्रित करने आए हो। लेकिन तुम्हारे एकसाथ आने से मैं धर्मसंकट में फँस गया हूँ। तुम दोनों ही मुझे समान रूप से प्रिय हो। इसलिए मैं तुम में से किसी को भी निराश नहीं कर सकता। परंतु पहले मैं यह स्पष्ट कर देना चाहता हूँ कि मैं जिस तरफ से युद्ध करूँगा, मेरी

सेना उसके विपरीत पक्ष की ओर से युद्ध करेगी। अर्थात् एक को मैं मिलूँगा और दूसरे को मेरी सेना। दूसरे, युद्ध में मैं अस्त्र नहीं उठाऊँगा। अब आप दोनों को जो उचित लगे, माँग लो।"

दुर्योधन ने सोचा—'श्रीकृष्ण ने युद्ध में अस्त्र न उठाने का निश्चय किया है, फिर इनसे कैसा भय? इसके विपरीत नारायणी सेना अधिक शक्तिशाली और विशाल है। उसकी सहायता से हम सरलता से पांडवों को हरा देंगे।' अतः दुर्योधन नारायणी सेना माँगकर चला गया।

अर्जुन ने श्रीकृष्ण को चुना। श्रीकृष्ण ने जब इसका कारण पूछा तो अर्जुन बोले—"केशव! आप साक्षात् धर्म हैं। जहाँ आप होंगे वहाँ ही धर्म होगा। और जहाँ धर्म होगा, विजयी भी उसकी होगी। इसलिए आप मेरा सारथी बनना स्वीकार करें। मैं अपने जीवन की बागडोर आपके हाथों में सौंपता हूँ। कृपया मेरी इच्छा पूर्ण कर मुझे कृतार्थ करें।"

श्रीकृष्ण ने अर्जुन का सारथी बनना स्वीकार कर लिया और महाभारत युद्ध में अर्जुन की अनेक बार रक्षा की।

इस प्रकार दुर्योधन ने अपनी कुबुद्धि के कारण साक्षात् भगवान् को ठुकरा कर उनकी नारायणी सेना का वरण किया। जबकि अर्जुन ने उन्हें अर्थात् धर्म के रक्षक को चुना। यही कारण है कि इस धर्मयुद्ध में पांडवों की विजय हुई।

•••

82

कुवलयपीड़

कंस के बुलावे पर जब श्रीकृष्ण मथुरा घूमने आए तब कंस ने उन्हें मारने के उद्देश्य से दंगल का आयोजन किया। श्रीकृष्ण बलराम के साथ दंगल देखने चल दिए। कंस की आज्ञा से दंगल के प्रवेश द्वार पर कुवलयपीड़ नाम के एक भीमकाय हाथी को मदिरा पिलाकर खड़ा कर दिया गया।

जब श्रीकृष्ण वहाँ पहुँचे तो कंस की आज्ञा के अनुसार महावत ने कुवलयपीड़ को बीच में खड़ा कर दिया। यह देख श्रीकृष्ण कंस की चाल समझ गए। उन्होंने महावत से हाथी को हटाने के लिए कहा।

महावत ने उनकी बात पर ध्यान नहीं दिया। तब श्रीकृष्ण उसे ललकारते हुए बोले—"महावत! इस हाथी को मेरे मार्ग से हटाओ अन्यथा मैं इसका अहित कर बैठूँगा।"

यह सुनकर महावत ने हाथी को चाबुक मारा और उसे श्रीकृष्ण की ओर बढ़ा दिया। हाथी ने तीव्र गति से श्रीकृष्ण पर आक्रमण किया। लेकिन वे उसका वार बचा गए। इसी प्रकार श्रीकृष्ण ने कुछ समय तक हाथी के साथ खिलवाड़ किया, फिर उसकी सूंड़ पकड़ी और चारों तरफ घूमाकर ज़ोर से पृथ्वी पर पटक दिया। हाथी वहीं मारा गया।

इस प्रकार उन्होंने हाथी का उद्धार तो किया साथ ही कंस के दिल में भी भय पैदा कर दिया कि अब उसकी मृत्यु निकट है।

•••

83

उद्धार

एक बार श्रीकृष्ण शांत मुद्रा में बैठे थे। महाभारत का युद्ध समाप्त हो चुका था। इसी के साथ कृष्णावतार का उद्देश्य भी पूर्ण हो चुका था। तब श्रीकृष्ण की माया से प्रेरित होकर एक व्याध ने उन्हें मृग समझ लिया और उनके पैर में तीर मार दिया। लेकिन उसे दंड देने के बदले श्रीकृष्ण ने उसे सशरीर स्वर्ग भेज दिया और स्वयं भी अपनी लीलाएँ समाप्त कर बैकुठ धाम चले गए।

श्रीकृष्ण के बैकुण्ठ प्रस्थान के पश्चात् सत्य, धर्म, न्याय और श्री ने भी मूर्तिमान स्वरूप धारण कर उनका अनुगमन किया। मनुष्य रूप में

जन्म लेकर लीलाएँ करना और फिर उनका संवरण करना भगवान् की माया का विलास मात्र है। वे स्वयं ही जगत् की सृष्टि कर इसमें प्रवेश कर विहार करते हैं और अंत में संहार करके अपने अनंत महिमामय स्वरूप में स्थित हो जाते हैं।

जिस दिन श्रीकृष्ण ने इस भूलोक से प्रस्थान कर बैकुंठ गमन किया, उस दिन से पृथ्वी पर कलियुग का आगमन हो गया। कलियुग को दोषों का खज़ाना कहा गया है। कलियुग में चारों ओर लूट, खसोट, व्यभिचार, असत्य भाषण आदि पाप कर्म बहुत बढ़ गए हैं लेकिन फिर भी कलियुग में ये सभी कुकर्म मात्र श्रीहरि के भजन संकीर्तन से ही पुण्य में बदल जाते हैं। उनके नाम से यह आसक्तियाँ समाप्त हो जाती हैं और मनुष्य को परमात्मा की प्राप्ति होती है।

इस प्रकार कलियुग में केवल भगवद् नाम से ही मनुष्य अपने कुकर्मों से मुक्ति पा जाता है। लेकिन इसका अर्थ यह नहीं है कि पाप करते जाओ और श्रीहरि का नाम लेते जाओ। मनुष्य को सदा अच्छे कर्म करने चाहिएँ, दूसरों का भला करना चाहिए। इसी प्रकार वह अपना उद्धार कर सकता है।

•••